Manger du GLUTEN
BOIRE DE L'ALCOOL
& BAISER
le premier soir

Leduc s'engage pour une fabrication écoresponsable !

« Des livres pour mieux vivre », c'est la devise de notre maison. Et vivre mieux, c'est vivre en impactant positivement le monde qui nous entoure ! C'est pourquoi nous choisissons nos imprimeurs avec la plus grande attention pour que nos ouvrages soient imprimés sur du papier issu de forêts gérées durablement, et qu'ils parcourent le moins de kilomètres possible avant d'arriver dans vos mains ! Pour en savoir plus, rendez-vous sur notre site.

Préparation de copie et correction : Anne-Lise Martin
Création graphique et mise en page : Marthe Oréal
Design de couverture : Marthe Oréal
Illustrations : Stomie Busy

10, place des Cinq-Martyrs-du-Lycée-Buffon
75015 Paris – France
ISBN : 978-2-36704-288-6

Jessica CYMERMAN
Illustrations de STOMIE BUSY

Manger du GLUTEN BOIRE de L'ALCOOL & BAISER le premier soir

LEDUC HUMOUR

Sommaire

I don't know why people are so keen to put the details of their private life in public; they forget that invisibility is a superpower.

Bansky

Je te partage ma vie, au lieu de la vivre
Tu me partages la vie des autres pour me divertir
Je ne regarde plus le ciel depuis que tu m'as pris
Mes yeux dans tes applis, baby.

Soprano, « Mon précieux »

C'est arrivé précisément un matin où, vers 7 heures, en ouvrant Instagram, je suis tombée nez à nez avec la photo d'une fille que je suis (que je *follow* hein parce que je suis qui je suis : « *I am what I am/ And what I am need no excuses* »).

Sur la photo, on pouvait voir des fruits, des céréales, un jus de fruits apparemment pressé et elle avec ses deux enfants en position yoga que j'appelle « tête à l'envers et jambes en l'air ». Les hashtags qui suivaient cette photo : **#mangerbio #mangersain #réveilbonheur #matincalin #mykidsarebetterthanyours #tuescequetumanges #yogaforever #cheriestausport #lovemylife**

À ce moment-là, j'étais moi-même en train de préparer un biberon bourré de céréales (pas bien) pour mon fils de 4 ans, je portais un jogging troué appartenant à mon mari, j'avais des cernes violets, je cherchais pour ma fille les brioches toutes faites par le supermarché. Tout cela en nettoyant avec une lingette pas bio les fesses du dernier, en criant après mon ado « lèèèèèève-toi » et en filant un os de poulet au chien.

Si quelqu'un avait pris la scène en photo, elle aurait été suivie de hashtags comme : **#putaindemerde #suisnaze #briochesgluten #abaslesport #fuckmykids #monmecdort**

C'est là que tout a commencé dans mon cerveau qui va plus vite parfois que je ne le pense.

J'me suis dit (je me parle à moi-même, ainsi j'ai toujours une amie avec moi) : ras le bol de la dictature du bio, du sans gluten, du yoga, de ta gueule parfaite sur les réseaux sociaux, des jolies filles qui le savent, du diktat des enfants modèles et de la pédagogie toujours positive, des « faut pas boire, pas fumer sous peine de rides », des « une fille BIEN ne fait pas ça », des « hein quoi comment, tu manges du GLUTEN ? ».

Pendant un an j'allais faire le contraire des autres. J'allais rester moi, ne pas tenter de devenir quelqu'un d'autre, continuer de manger du gluten, de boire de l'alcool et de ne pas juger les filles (et les garçons) qui baisent le premier soir.

Et de ne surtout pas faire semblant d'avoir une vie parfaite. Car qui a une vie parfaite hein ?

J'allais m'abonner à encore plus de pages de nanas/influenceuses/blogueuses/*it girls*, acheter encore plus de livres censés aider les gens à trouver le chemin de leur vie.

Et je ferais exactement le contraire de tout cela.

Je continuerais à être moi, à faire des excès, à ne pas me prendre trop au sérieux, à rire fort, à manger des frites, à roter parfois, à aller à l'école des enfants en pyjama, à ne pas faire de yoga et à ne pas manger uniquement bio.

#putaindemerde #suisnaze #briochesgluten #abaslesport #fuckmykids #monmecdort

Janvier

1ER JANVIER

En général, qui dit 1er janvier dit « on prend des bonnes résolutions ».

Depuis que je suis en âge de prendre des décisions – je situe ça vers 3 ans –, je me dis chaque 1er janvier que je vais :

- FAIRE DU SPORT
- MANGER MIEUX
- ARRÊTER DE FUMER (MÊME SI JE NE FUME PAS, C'EST TOUJOURS BIEN)
- NE PLUS JAMAIS CRITIQUER PERSONNE (ON DIT *BITCHER*, JE CROIS)
- ÉCRIRE UN ROMAN
- PRENDRE DES COURS DE PIANO ET DE CHANT
- NE PLUS JAMAIS HAUSSER LE TON AVEC MON MEC ET ENCORE MOINS AVEC MES ENFANTS
- MANGER MOINS DE VIANDE
- FAIRE UNE DÉTOX DES RÉSEAUX SOCIAUX
- DIRE AUX GENS QUE J'AIME QUE JE LES AIME, MAIS GENRE TOUT LE TEMPS
- APPRENDRE À DESSINER
- APPRENDRE À CUISINER
- APPRENDRE L'ESPAGNOL
- ET L'ARABE ANCIEN
- ET AUSSI L'HÉBREU
- ET LE CHINOIS
- FAIRE UN TREK AVEC MES MEILLEURES AMIES
- AVOIR DES ORGASMES TOUS LES SOIRS AVEC MON MEC
- LIRE PLUS DE ROMANS

- ALLER AU MUSÉE AU MOINS UNE FOIS PAR SEMAINE
- DRESSER MON CHIEN
- DEVENIR AMIE AVEC ÉDOUARD BAER
- ALLER AU THÉÂTRE SANS CESSE
- FAIRE DU THÉÂTRE
- OU DE L'IMPRO
- NAGER DANS L'EAU GLACIALE
- RIRE D'UN RIRE FRANC TROIS FOIS PAR JOUR
- NE JAMAIS PLUS ENVIER LE CORPS DE GISELE BÜNDCHEN
- NI LE CERVEAU DE MICHELLE OBAMA
- APPRENDRE À DANSER
- OSER DIRE AUX GENS QU'ILS ONT TORT
- BOIRE DU JUS DE CÉLERI FRAIS CHAQUE MATIN
- ME METTRE AU YOGA AUSSI, TIENS !

Et puis comme la liste est trop longue, je décide de ne rien faire. C'est comme ça chaque année.

Et chaque année je souris, je fais semblant que je mange bio, je fais semblant que j'ai commencé le yoga, que mes enfants veulent aller à Harvard (oui, même à 3 ans), je fais trois bonnes actions en donnant des fringues trop petites aux enfants démunis et 30 euros aux Restos du cœur, je vais voir l'expo que tout le monde va voir en me prenant en photo devant et en la postant sur Insta, je fais une story avec un jus de légumes qui sous-entend que je mange sainement, je fais aussi une photo de mes quatre enfants dans la forêt, ce qui veut dire « mes enfants s'entendent bien et on aime la nature aussi ».

Bref... je tente hein. Tout le mois de janvier (bon OK, toute la première semaine de janvier) j'essaie... je m'abonne à des comptes de meufs qui savent se lever à 5 heures pour méditer avant de faire du yoga à 5 h 22 face à la lucarne parisienne.
#yogamonamour #parisestmagique #méditerRendHeureuse #dutempspourmoi

Je m'abonne aussi à des comptes de nanas qui savent faire des jus de céleri dingues et qui ne boivent que ça pour se régénérer l'esprit et le corps, avant de partir en retraite silencieuse dans les Cévennes sans mari (car leur « chéri » est fabuleux, il garde les enfants).
#celeriForLife #celeriCheri #jepensedoncjeCeleri #monMAriIsTheBEst

Je m'abonne aussi à des comptes de sportives au ventre plat et aux fesses rebondies qui te soulèvent leurs jumeaux de 3 mois et 4,200 kilos en guise d'haltères. Sur les photos les bébés semblent sourire, la maman semble n'avoir jamais accouché, son périnée semble neuf, ses nuits semblent formidables, ses tablettes de chocolat sont visibles.
#TwinsDamour #sportIsLife #NoPainNoGain

Je m'abonne aussi à des comptes de mamans aux vies parfaites, qui militent pour la pédagogie positive et mettent des mantras partout, jusque sur les couches de leurs bébés. Ces mamans sont sublimes, ont des enfants trilingues à 3 ans, leurs maris sont des sosies de Brad (Pitt, pas Brad Dupont), elles sont chaque jour à la sortie de l'école, elles savent aider leurs enfants à faire leurs devoirs (même les théorèmes de valeurs intermédiaires), les gosses savent skier à 18 mois, ils sont polis, beaux. Le grand est délégué tandis que la petite vient de rentrer à l'Opéra de Paris à 5 ans à peine. Le petit dernier a fait ses nuits à 3 semaines, sait déjà parler à 8 mois, va sur le pot à 9 mois et sait marcher à 10 mois. Non, il ne sait pas marcher... il court même ! Et pas n'importe comment hein ! Non, l'enfant de 10 mois fait du saut en obstacles au club de sport !
#mesEnfantsMaVie #mesEnfantsLesGenies #positiveAttitude #neJAMAISsenerver #croireAuBonheur

Je m'abonne aussi à des comptes de meufs qui lisent. Mais pas un livre en été, non. Elles lisent 1 livre par jour. Elles dévorent les livres comme moi je dévore la tablette de Crunch. Elles appellent les auteurs par les prénoms. Même les morts ! « J'ai adoré ce livre

de Victor, je l'avais lu l'an dernier mais relire Victor est un plaisir sans cesse renouvelable » (marche aussi avec Gustave ou Guy).
#lirelslife #unlivreunjour #jesuisbellesijelis #lirerendheureux

Ainsi, je m'abonne à des comptes de déco, de cuisine, de sport, de sexualité, de yoga, de littérature, d'infos, de mode, de philo... Et je les *follow* en essayant parfois de faire pareil. Mais je n'y arrive pas. Pas plus en ce 1er janvier que les jours suivants.

16 JANVIER

Et c'est là, le 16 janvier, que j'ai dit FUCK.

Ça m'a pris comme une envie de manger quatre Raider d'affilée (car oui je dis Raider, à l'ancienne : je suis vintage).

Ce 16 janvier c'est monté en moi : marre des diktats du parfait. Pourquoi devrions-nous être parfaites ? Pourquoi serions-nous des gens infréquentables si on mangeait de la viande, du gluten, si on n'avait jamais fait de yoga, si nos enfants nous saoulent parfois (souvent), si on ne fait pas l'amour en suivant toutes les positions du *Kama Sutra*, si on ne lit pas Victor, si on boit du Coca, si on n'a pas d'avis sur la politique anglaise sauf quant à savoir si on aime Meghan ou pas, si on jure, si on rote, si on a des bourrelets, si on a de la cellulite, si on bouffe plus de glace que de céleri, si on aime nos joggings plus que nos chaussures à talons, si on n'a rien compris à *Inception*, si on a déjà mangé deux fois du McDo dans la semaine, si on a des vergetures – qui ne partent pas – durant nos grossesses ? Oui pourquoi ? POURQUOIIIIIIIIIIIIIIIIIIIIII ?

Porque ? Why ? Warum ? (Voyez, je suis quadrilingue.)
#pourquoi #why #warum #porque

C'est décidé : à partir de demain, le 17 janvier, non seulement je continuerai à m'abonner à des comptes de vie parfaite, mais je ferai l'exact contraire.

À chacun ses ambitions après tout.
#jefaiscequejeveux #nananère

17 JANVIER

J'ai eu l'audace de parler de mon projet à trois copines. Une a trouvé ça GÉNIAL.

Les deux autres m'ont juste conseillé de me désabonner des réseaux sociaux : « Ce sera plus simple. »

Mais si c'était si simple, OK, mais en fait non. Je veux savoir ce qui se passe dans cette vie parallèle, cette vie 2.0.

Je veux dire à moi-même et aux gens que la vraie vie est ailleurs (« La vraie vie est ailleurs », nouveau titre du roman de Victor), que tout cela est parfois vrai mais que souvent, non, c'est faux.

Que tu peux mettre un filtre Moon, Lark, Sierra ou Willow sur Insta, mais dans la vraie vie, tu as le droit d'être juste « NORMAL ».

Une de mes copines m'a alors demandé : « Non mais tu te prends pour Gandhi, tu crois que tu vas changer le monde avec tes humeurs ? »

Ah ça non, je lui ai dit (avec un grand NON, le ton hautain, la grosse voix, l'air mécontent, les sourcils qui froncent, ce qui laisse apparaître les rides au-dessus du nez et te donne ensuite envie de t'injecter du Botox comme Nicole Kidman ou de ton propre sang comme Kim Kardashian).

Je veux juste voir, tordre le cou aux diktats et m'amuser un peu. (Ce fut cette réponse sans appel qui augura le début de ma rébellion.)

18 JANVIER

Comment procéder dans ma grande entreprise de rébellion 2.0 ?

Je décidai de ne plus en parler à mes copines qui, visiblement, ne voulaient rien savoir.

Ayant un temps suivi les conseils (les diktats oui...) de Marie Kondo qui t'explique comment ranger ton placard – à tel point qu'un jour, ayant chopé la folie du rangement, je finis par ranger mes quatre enfants dans le placard en ayant pris soin, comme le dit Marie, de les enrouler sur eux-mêmes –, je savais qu'il fallait être or-ga-ni-sée.

(Mon enfant le plus âgé mesurant 1,85 m, j'eus du mal à l'enrouler, je dois l'avouer, mais comme à cette époque j'avais tenté deux cours de yoga avec lui, car j'étais une bonne mère, il comprit comment s'enrouler par lui-même selon la fameuse position du serpent. C'est pour défaire mes quatre enfants – et mon chien – que ce fut plus difficile. #merciLesPompiers)

DONC je devais m'organiser. Et être organisée ça veut dire savoir où on va. Souvent je vais aux toilettes en me demandant pourquoi je suis venue, c'est pour dire...

Au fond, je ne sais pas où je vais avec ce journal de bord, ce challenge de faire tout l'inverse de ce qu'Insta et une certaine société nous engagent à faire. Je suis un peu comme Lady Di quand elle a décidé de tout plaquer au grand désarroi de Charles (qui s'est bien vite remis, le cochon).

Je vais donc y aller par étapes.

Disons que chaque mois, je vais me pencher sur une injonction qu'Insta et la société semblent vouloir nous imposer, avant de lui tordre le cou (méthode de serial killer).

Tout cela sera noté sur l'échelle de Paltrow (c'est comme Richter mais en Gwyneth qui a la vie parfaite).

Commençons light en janvier. Ce sera la déco. Vaste sujet mais tout de même moins important que la bouffe ou l'éducation des enfants.

Donc :

- JANVIER : DÉCO
- FÉVRIER : BOUFFE I (CE QUE L'ON CUISINE)
- MARS : BOUFFE II (CE QUE L'ON MANGE)
- AVRIL : SEXE
- MAI : LA CULTURE (APRÈS LE CUL, CE ME SEMBLE PERTINENT)
- JUIN : SPORT
- JUILLET : L'ANIMAL DOMESTIQUE
- AOÛT : VACANCES !
- SEPTEMBRE : LES ENFANTS
- OCTOBRE : LA RÉUSSITE
- NOVEMBRE : L'ÂGE (LE JEUNISME SA MÈRE)
- DÉCEMBRE : LA MODE, LA MODE, LA MODE !

19 JANVIER

On a dit que janvier (enfin ce qu'il en reste), on parle déco.

On a dit que je ne suis ni Valérie Damidot ni Sarah Lavoine, que je suis une personne lambda qui aimerait avoir une maison digne d'être photographiée dans le *Elle déco.* Et puis qui finalement trouve que le *Elle déco* c'est trop... trop tout.

Soyons clairs et honnêtes, jusqu'à l'arrivée d'Ikea, les gens qui avaient des moyens et du goût arrivaient à faire de leur appartement un truc pas trop moche.

Les autres, les gens du peuple (nous), devaient se contenter de lire des magazines de déco ou de visionner des reportages sur des chaînes people pour rêver un peu.

Puis le géant suédois a tout pigé : du *boabapri* (beau à bas prix).

Tels des moutons, nous nous sommes alors précipités dans les allées aussi immenses que la galerie des Glaces pour choper une cuisine SKOVASKRUP ou une bibliothèque Billy.

On avait alors le sentiment d'avoir un truc joli.

Que nenni ! C'était sans compter sur la folie des comptes Insta de déco.

Je ne sais pas si vous avez déjà tapé **#chambrecocooning** sur Insta, mais vous seriez surpris de voir que chez vous... bah c'est pas cocooning du tout.

ALERTE DÉFINITION. Le mot *cocooning* vient de l'anglais. Ça veut dire confortable, douillet.

Les jeunes filles rêvent d'avoir une chambre cocooning et ce mot est même devenu un argument pour te faire acheter des draps et des bougies.

Bêtement, j'ai essayé moi aussi de rendre mon intérieur cocooning.

J'avais pourtant mis des bougies à 78 euros qui sentent la brume du printemps, j'avais pschitté une brume d'automne en plein été (rebelle), j'avais acheté des draps en lin qui ne se repassent pas, j'avais mis des magazines vintage au pied de ma table basse, j'avais mis des plaids dans un panier à 28 euros. Le tout arrosé d'une musique « tranquille ».

Pourtant… ce fut sans appel, lorsque je pris la photo de chez moi pour la montrer aux gens sur Insta, je ne fus pas applaudie. Une « copine » osa même me dire : « N'est pas Sarah Lavoine qui veut. »

Offense à ma personne.

Oui parce que non seulement il faut avoir un super appartement avec moulures, cheminée, bibliothèque remplie de beaux livres, canapé italien, cuisine de cuisinier, mais en plus il faut le prendre en photo et le partager au monde des réseaux sociaux avec des hashtags comme #sweethome #jadoremamaison #vivemonsalon #conseilsdeco #influenceusedeco.

SUR L'ÉCHELLE DE GWYNETH, J'ÉTAIS À 5/20.

22 JANVIER

Déçue d'avoir dépensé mon PEL dans une déco qui ne remporta aucun succès, je décidai de passer du temps à analyser ces comptes de déco qui font rêver.

Souvent ces comptes (souvent féminins) te vendent du rêve inaccessible. Une bougie à 100 balles, un canapé à 12 000, un plaid en poils de cul de lama australien à 135 euros, une machine à café italienne à 567 euros, des affiches vintage à shopper dans une « petite » braderie du Perche – « pas cher, 89 euros l'affiche » –, des rideaux en voile de coton bio à 320 euros…

Alors nous, chez Ikea, on essaie de faire pareil, on a vu les émissions sur le *home staging* hein ; n'empêche quand ton hashtag c'est #ikea #lesbonnesaffaires #lecanapedemagrandmere, ça le fait moins.

23 JANVIER

Il paraît que la mode c'est l'inspiration scandinave. Ça tombe bien. Hier je suis allée chez Ikea. #decodepouillée

24 JANVIER

Je vais me créer un compte de déco anonyme sur Insta. Et je ferai tout le contraire des autres. Oui parce que y en a marre de ces gens qui ont des appartements de rêve soi-disant décorés avec trois fois rien (haha), des maisons de campagne dignes d'un cottage de la reine d'Angleterre. Marre de ces stars qui, non contentes d'être belles et toujours jeunes, ont des chambres dignes de celles des plus beaux hôtels du monde.

Et de ces gens qui ont toujours le joli cendrier ramené d'« un petit voyage à Venise » ou la jolie tasse « offerte par Linda, mon amie américaine ».

(Moi tout ce que j'ai rapporté de Venise, c'est des plumes de pigeon de la place Saint-Marc, et la seule Linda que je connaisse, c'est la copine de crèche de mon fils.)

Et de cette copine qui te dit avec nonchalance : « Mais cette table basse vue lors de notre séjour en Grèce, c'était l'objet de mon désir. Mon mari l'a fait refaire à l'identique. Elle est dingue, non ? »

(Ouais, ouais, elle est DINGUE. Mais tu ne peux ni manger dessus, ni rien poser, ni la toucher.)

Le pire étant ces « beaux » livres qui ne servent jamais à être lus mais juste à faire joli. Être auteur de beaux livres me semble un drame, car personne n'ouvre jamais lesdits beaux livres qui pourtant sont souvent passionnants.

J'ai d'ailleurs vu des influenceuses vendre des faux « beaux » livres en carton, juste pour faire joli. Elle est dingue cette époque où on te vend des livres que tu ne peux pas ouvrir, non ? (ou lire ?) Juste parce que l'apparence compte finalement plus que ce qu'il y a dedans. #levide

25 JANVIER

Je lance donc le compte « la déco par oim ». J'ai vite 34 followers (moi et 33 personnes égarées dans leur vie décorative).

26 JANVIER

J'ai perdu 32 followers. Reste moi et ma mère qui n'a pas Insta mais à qui j'ai créé un compte pour faire genre elle est dans le coup.

Je pense que lorsque j'ai mis la photo de mon tapis fait à partir des cheveux de mes enfants, j'ai déjà perdu 30 followers. J'avais pourtant les bons hashtags #bio #recycling #cocooning #upcycling.

Les deux derniers ont dû quitter ma page lorsque j'ai pris en photo ma bibliothèque sans livres. Je crois que finalement le vide (celui qu'on voit) les a tétanisés. #depouillement #decoScandinave

JE PENSAIS ÊTRE À 20/20 SUR L'ÉCHELLE DE GWYNETH. J'AI DÛ ME LOUPER.

27 JANVIER

Je m'oppose à cette tendance de déco qu'on voit sur Insta et ailleurs, et qui fait des objets de ta maison des objets quasi sexuels avec ces #objetdudesir #moncanapéestsexy #fantasmerideaux.

Bah non. On ne couche pas avec sa table basse. Enfin, chacun fait ce qu'il veut mais a priori on ne couche pas avec sa table basse ni avec ses rideaux.

La déco, comme la bouffe, je m'y attaquerai plus tard, semble avoir fait perdre la tête aux gens.

J'ai tenté sur mon compte à quatre followers (oui, car j'en avais gagné deux, des âmes égarées) de prendre une photo de moi faisant l'amour à ma machine à laver.

La photo n'a pas fonctionné et on ne voyait dessus que moi enfermée dans le tambour. Je décidai de la poster tout de même. #machinealavermonamour

Que n'avais-je pas fait ! Instagram a supprimé mon compte pour, je cite, « détournement de mineure ». J'ai demandé des explications et Kimberley du service clients de l'application m'a juste dit en anglais : « *You wanna have sex with a machine which is probably less than 15 years old.* »

Cela est évidemment faux, vous pensez bien que je ne suis pas du genre à forcer les gens ou les choses. Ma machine était celle de ma mère et avant elle de sa mère. On était #vintage avant l'heure. Elle a même connu la lessive Bonux, alors hein. Elle a donc plus de 15 ans, plus de 25 ans, elle a 40 ans.

28 JANVIER

Je pense que je suis sur écoute. Après avoir donné à Kimberley des preuves de l'âge de ma machine, j'ai reçu hier dans la soirée des pubs pour m'abonner à des pages de déco de *recycling*.

Sur l'échelle de Gwyneth, ça c'est 22/20. Ça signifie que tu prends tes vieux objets pour en faire un nouvel objet de déco trop cool. Avec évidemment des hashtags du genre : **#secondlife #recyclingmadeco #jesuisagiledemesmains #jesuisvraimentformidable #ecolo**

Donc non seulement tu es la perle de la déco, mais en plus tu es la perle de la débrouillardise.

Du coup, je me suis abonnée à une page de recycling d'objet de déco. Je ne suis qu'une faible humaine qui se laisse prendre à l'appât.

Les pages de déco dites classiques avaient déjà l'art de me saouler tant elles sont souvent prétentieuses et te font culpabiliser d'avoir une table basse en plastique, mais là c'est la double peine : ton inventivité en prend un coup. Que dis-je... MON HONNEUR en a pris un coup.

Ainsi donc, une vieille carafe peut devenir un bureau, une tasse peut faire office de bidet et des rideaux usés peuvent devenir une robe de bal.

Concernant ma machine à laver, elle pourrait devenir un lit King size. Non mais de qui se fiche-t-on ?

Est-ce que cette page a fait mal à mon ego ? OUI.

Est-ce qu'il y a des gens plus doués de leurs mains et de leur cerveau que moi ? OUI.

Est-ce que ces comptes sont là pour me narguer ? OUI.

Est-ce que je vais garder ma machine à laver vintage pour lui faire l'amour ? Euh... NON.

Pour laver mon linge ? OUI.

#inventivitémoncul

29 JANVIER

Parler de déco sans évoquer le sujet de déco HYPER important (19/20 sur l'échelle de Gwyneth) qu'est la déco des chambres d'enfants serait un peu comme ne manger que le jaune de l'œuf à la coque (le rapport ? AUCUN).

La déco d'une chambre d'enfant semble être pour certains comptes IG de déco, ou de maman, une sorte de preuve que vous êtes un bon parent. Cela signifie en quelque sorte : « Regardez la chambre de mes gamins, elle est belle hein ? Si elle est belle, c'est parce que je suis une bonne maman/un bon papa. »

#kidsroominspiration #decoforKids #leurparadis #chambredeprincesse

Que les choses soient claires : aucune déco de chambre ne fait d'une personne un bon parent. (Notez cette phrase qu'aurait dû écrire Laurence Pernoud dans son guide pour élever son gosse.)

On peut mettre des paniers de rangement, des livres pour qu'on croie que les enfants aiment ça, des doudous vintage parce que c'est swag, des affiches du Petit Prince, des tapis qui t'enlèvent la poussière, des couettes d'astronautes, des bureaux vintage, des chaises dingues, des lits à baldaquin, des jouets en bois bio non traité... tout cela est joli hein, mais en vrai, soyons honnêtes, l'enfant il veut quoi ?

L'enfant, il veut des couleurs criardes, des jouets en plastique moches, des tableaux de Pokémon affreux, du bordel, des tours de Kapla pour mettre un coup de pied dedans. Il veut une chambre d'enfant l'enfant. Il ne veut pas que son antre devienne une photo sur les réseaux sociaux.

Soyons clairs (Laurence Pernoud, Françoise Dolto) : un gamin, il n'a pas envie que sa chambre ce soit *Vogue*. Un gamin, il veut du bordel !

Donc...

Je suis allée dans la chambre de mes deux plus jeunes enfants et je leur ai dit : « Les gars, amusez-vous une bonne heure, je ne m'en mêle pas » (ce sont deux jeunes garçons qui ont une passion pour la bagarre).

J'ai entendu du bruit, j'ai vérifié deux/trois fois que personne n'était blessé, et lorsque je suis finalement revenue après une heure, j'avais la chambre d'enfant idéale : un BON GROS BORDEL.

Des jouets à la place des chaussettes, des chaussettes sur la tête des peluches, des poupées sans tête (oui, ils jouent à la poupée), du feutre sur un mur (aïe), un Lego dans la bouche de Ruben le chien des Paw Patrol, de la Patafix sous les chaussures, un drap sur une chaise retournée en guise de cabane... bref, un GROS BORDEL.

Me suis empressée de prendre ce bordel en photo et de le mettre sur Insta avec cette légende, « les bonnes mères aiment le bordel #lebordelislife #unechambredenfantenvie #danstafaceMarieKondo ».

Et je fus heureuse.

30 JANVIER

Ça n'a pas loupé avec ma révolution d'hier. Je me suis pris des messages de parents lisses m'accusant d'être non seulement incapable de faire l'amour à ma machine à laver (comment le savent-ils ? serais-je espionnée ?) mais aussi d'offrir une chambre digne de ce nom à ses enfants.

Je pense m'exiler avant que la brigade des mineurs vienne me choper.

Note pour plus tard : la Patafix sous les chaussures, ça a du mal à partir.

31 JANVIER

Arrivant au terme de ce mois de la non-déco, je dois tirer des conclusions un peu comme un président qui quitte l'Élysée : je tiens à laisser les clés pour que tout soit clair.

Si mes tentatives de rébellion décorative semblent être un échec (toutefois le mot échec est fort), elles ont le mérite d'avoir nettement remis en question le diktat.

Qu'on aime la déco et qu'on soit riche est assez formidable, je ne crache pas dedans. Mais bordel… mettons-y du bordel !

On décore bien sa maison, on le montre sur les réseaux sociaux, donc on semble incarner une des nouvelles façons d'exister. Une maison, bien rangée, bien propre, où tout est joli, où tout est pensé, où chaque recoin est instagrammable ? Sérieusement ?

Des photos toujours froides où les objets ne vivent pas, où l'on n'ose pas mettre un enfant dans sa jolie chambre toute proprette de peur que l'enfant fasse pipi sur son édredon en lin bio vendu dans une boutique *hype* ?

Une table basse avec des livres jamais ouverts ?

Un canapé où l'on n'a pas le droit de s'asseoir ?

Évidemment que c'est « inspirant » (mot hyper-instagrammable) et bien agréable de voir des jolies choses, mais en passer par la déco de la chambre de ses gosses pour exister revêt un côté fou.

Bilan janvier

J'ai tenté des rébellions décoratives
qui n'ont pas été suivies. J'ai tenté de coucher
avec ma machine à laver pour prouver que les objets
ne sont pas sexués. J'ai été bannie d'Insta. Je ne sais pas
faire de ma chambre un endroit cocooning.
La chambre de mes enfants porte les marques visibles
de leur folie enfantine, et si je me réjouis de leur folie,
je me réjouis moins des marques de feutres sur les murs.
Bref, je ne suis pas une as de la déco 2.0
(et 2. Rien du tout) et je ne comprends pas trop
le diktat de la déco IG.
Si je consulte des comptes de déco ? BAH OUI.
Je suis un être humain, je suis donc pleine de paradoxes !
ENFIN.

#jedécoredoncjesuis #oupas

ÉCHELLE DE GWYNETH : 0/20.

Février

1ER FÉVRIER

Donc février, mois de la bouffe, mais attention je ne m'attaque pas tout de suite à ce que je vais arrêter ou non de manger, non, ce sera pour mars ça !

Non, en février, il sera question de la façon dont on doit faire semblant d'être Guy Savoy lorsqu'on cuisine dans son F2 avec une seule casserole et un four pas en forme.

Il faut que je vous dise : je suis comme tout le monde, j'ai plongé dans les « Top Chef », « Master Chef », « Dîner presque parfait » et autres programmes qui te font vite culpabiliser de n'être qu'une humaine qui tente tant bien que mal de faire à manger à sa maisonnée tous les soirs.

Soyons clairs, enfin moi je suis claire (enfin non, je m'appelle Jessica hein, pas Claire) : il fut une époque où la télévision ne s'intéressait pas à la cuisine ni à l'art de rendre une assiette « sexy ». Je me souviens de Maïté qui égorgeait une poule sous nos yeux ébahis et qui tabassait presque une carpe. Forcément, ça nous inspirait pas trop trop.

Ensuite ladite Maïté proposait le plat avec des sauces de partout, pas joliment présenté, mais « comme à la maison », comme on s'imagine un repas lourd mais bon, goûteux mais brouillon.

Et puis Stéphane Rotenberg et autres présentateurs télé sont arrivés chez nous. Comme ça. Un soir, sans frapper, l'animateur m'a fait passer pour la personne avec la cuisine la moins équipée au monde, m'envoyant ainsi face à mes démons.

Moi tout ce que je voulais, c'était manger bien, pas faire une toile de Monet dans mon assiette, pas passer 45 heures à préparer mon dîner. Non, je ne veux pas « dresser » mon assiette comme on dresse ses enfants (je dé-co-nne, je ne dresse que mon mari).

Ah mince, y a le livreur Picard qui sonne, on continue demain.

2 FÉVRIER

Au départ, un peu comme tout le monde, j'ai cédé, je l'avoue, ne me jugez pas. J'ai regardé avec appétit ces émissions en me disant que JAMAIS je ne serais assez douée pour sublimer une assiette comme ils disent. J'ai déjà du mal à sublimer ma déco, alors bon une assiette...

Mais j'y ai cru, et puis j'ai senti autour de moi que les choses bougeaient. Quand j'allais dîner chez des copines, elles avaient visiblement troqué la vaisselle Ikea pour une vaisselle en céramique chinée dans « une petite boutique INCROYABLE du XXe arrondissement », ajoutant ensuite que pour avoir l'adresse, il fallait s'inscrire sur un site clandestin dont l'adresse avait été envoyée par la NiouzeLetteure de MyLittlePAris.
Ah.

Et puis non seulement fallait de la vaisselle instagrammable et forcément vintage (tout étant cool quand c'est vintage hein), #vaisellemonAmour #mangerBeau #céramiqueMaPassion, mais en plus il fallait en cuisine des ustensiles à rendre jalouse Hélène Darroze.
Ah.

Et puis non seulement il fallait la vaisselle et la machine à enlever la peau des tomates, mais il fallait « savoir dresser » une assiette.
Ah.

Évidemment tout cela s'assortissait de hashtags : #instavaisselle #instaporn #instafood #lespetitsplatsdanslesgrands

Je vous laisse, y a mon micro-ondes qui sonne.

LE MICRO-ONDES SUR L'ÉCHELLE DE GWYNETH, C'EST 2/20.

3 FÉVRIER

Je vous ai dit que le micro-ondes est devenu le pire ennemi de la société ? Pourtant, quand cette machine est apparue dans les

#follefurieuse #tesdingue #nanmais

80's, il fallait en avoir une ABSOLUMENT, un peu comme le MagiMix aujourd'hui, mais en beaucoup moins cher.

Et depuis quelques années le micro-ondes est devenu l'ennemi public numéro 1, le truc à abattre.

Une fois, j'ai réchauffé des haricots verts déjà cuits, au micro-ondes, et ma pote qui hashtag sa vie m'a dit : « Nan mais #follefurieuse, nan mais #tesdingue » (elle parle en hashtag).

Moi je ne comprenais pas, je me demandais si les haricots verts avaient été bannis par la Cour européenne des légumes ou un truc comme ça.

Non.

Elle m'avoua immédiatement que ce serait soit elle, soit le micro-ondes, mais que je ne pouvais pas garder les deux. En aucun cas.

J'adore ma copine mais je décidai de choisir le micro-ondes, qui, il faut le dire, est vachement plus utile dans mon quotidien qu'une copine qui parle en #####.

Un micro-ondes ça réchauffe, ça va vite, ça décongèle, ça donne l'heure, c'est intuitif, c'est facile, ça prend pas trop de place, alors qu'une copine... hein...

Mais avant que je la mette aux encombrants (la copine), je lui demandai « pourquoi tant de haine ». Elle me répondit que c'était hyper-mauvais pour la santé les ondes (moins que ses seins refaits me semble-t-il, mais ceci est un autre débat) et qu'elle avait entendu dans « Top Chef » que ça tuait les saveurs.

Franchement ça n'a jamais tué l'odeur de mes pop-corn. Je dis ça... je dis ça.

5 FÉVRIER

Hier, je suis allée dans un magasin de cuisine pour professionnels. Ils ont tout de suite vu que je n'avais pas l'air d'en être, mais le vendeur, qui a dû en voir d'autres avant moi, a joué le jeu.

C'est ainsi que j'en ai eu pour 876 euros de matos dont je ne sais pas trop s'il sert à cuisiner ou à torturer quelqu'un (moi).

6 FÉVRIER

J'ai osé investir dans une vaisselle en céramique. Bon OK, c'est pas *vraiment* de la céramique, mais ça en jette.

(À 26 euros l'assiette à dessert, tu m'étonnes.)

7 FÉVRIER

Quand je disais hier « ça en jette », j'aurais pas dû. Mon petit dernier, furieux de ne pas arriver à gober son flamby, a jeté au sol non pas une, non pas deux, non pas trois, mais six assiettes à dessert à 26 euros. Gloups.

Franchement c'est pas bien solide ces trucs-là...

Note pour plus tard : acheter des assiettes en plastique.

11 FÉVRIER

J'ai mis trois carottes dans une assiette avec un « petit » jus de citron tout autour (je me suis donné du mal, comme Gwyneth) et j'ai donné ça à manger à mes enfants en leur disant que c'était du « stylisme culinaire ». J'étais sérieuse.

Je me suis en effet inscrite à des comptes dont j'ignorais même l'existence, mais je tente, je joue le jeu. Dans ces comptes c'est un festival de hashtags : #stylismeculinaire #foodstyling #foodphotos #instafoodies #feedfeed #styleonmytable #foodinaction

En gros, on t'apprend que pour être « sexy », une assiette doit se concevoir comme une œuvre d'art. Il ne faut pas en mettre trop dedans.

J'ai donc exécuté.

Je ne sais pas pourquoi, mais j'ai dû louper un truc (comme mettre tout de même plus de choses à manger).

12 FÉVRIER

Je ne baisse pas les bras, non ! Je suis à deux jours de la Saint-Valentin et je compte bien utiliser mes ustensiles hors de prix et ce qu'il me reste de vaisselle que l'enfant n'a pas cassé.

Aussi, je me suis mis en tête de *pimper* (se prononce pimepé) ma table et mon assiette.

Une copine m'a soufflé ça : « Tu devrais pimper ta vie, à commencer par ton assiette. »

Ah.

Bah du coup, ça veut dire quoi ?

Ça veut dire « rendre joli », ça veut dire « qui donne envie », ça veut dire « arranger la chose ».

Y en a qui pimpent leur voiture, y en a qui pimpent leurs tenues, y en a qui pimpent leur déco, moi je vais pimper ma table et mon assiette de Saint-Valentin. (Putain que ça me saoule, j'aurais bien fait un plat de pâtes tout simplement.)

13 FÉVRIER

À 24 heures de mon repas peut-être mauvais mais bien présenté, je trépigne. Je me suis fait une nuit entière d'émissions culinaires, j'ai analysé chaque mot de Philippe Etchebest, regardé chaque mouvement de Jean-François Piège (oui, car j'ai aussi revu des vieilles émissions), j'ai même pris l'accent de Cyril Lignac pour que ça croque en bouche.

J'ai bien pigé que ce qui est dans l'assiette est important mais que la façon de le présenter est au moins aussi importante.

Comme je ne sais ni cuisiner ni pimper, je pars de loin.

J'ai acheté des épices dont j'ignorais même l'existence, j'ai mis des tonnes de fourchettes et de couteaux sur la table, j'ai assorti la nappe aux fleurs de mon salon, j'ai regardé sur Insta comment font les gens qui savent présenter, pas Nadine de Rothschild hein, mais les jeunes *foodistas* (on dit comme ça), j'ai acheté des fleurs comestibles pour faire irradier mon assiette de bonheur.

14 FÉVRIER

J'ai posé ma journée non pas pour cuisiner mais pour faire de la présentation d'assiette. La cuisine paraît-il sera toujours bonne si la présentation est bonne (je doute de cette vérité, mais sait-on jamais).

J'avais pris rendez-vous avec une influenceuse déco-foodista qui va me *driver* (prononcer draïver) dans ma quête de la plus belle assiette. Tout un programme. (À 200 euros le cours d'une heure, j'en attends beaucoup.) Elle a gagné le Food Award de la plus belle table aux InstaAwards 2019. Alors hein.

Donc elle est venue. Il était 15 heures. Elle avait un vague accent anglais. Par exemple, elle disait LE fourchette ou LA couteau. C'était charmant. J'ai demandé si elle était anglaise du coup, et là elle a pris une voix bizarre et a dit dans un français parfait : « Non, c'est pour le genre, je suis française, née dans le Cantal. Ma mère est berrichonne, mon père vient de Lozère. Du côté de mes grands-parents maternels on a des racines cévenoles, du côté de mes grands-parents paternels on est plutôt de la région PACA. Je ne m'appelle pas Kate mais Corine. Petite déjà, lorsque j'allais dans le Larzac avec tonton Roger… »

Je finis par l'interrompre, car son arbre généalogique ayant été dressé, je m'en contrefoutais de ses racines. À ce prix-là, je me fiche de savoir si la meuf est française ou anglaise, je savais juste qu'elle n'était pas nette, car quand on fait semblant d'être Jane Birkin pour donner de la consistance à sa vie d'influenceuse food, c'est que ça va pas.

« OK, OK, je comprends, donc… *show me*, heum… montre-moi LE fourchette que tu aimeras mettre à table à côté de LA panier à pain. » Cette fille était donc dingue, mais puisqu'elle était là, je finis par lui tendre « le fourchette ».

Rien de fou, c'était une fourchette achetée chez Habitat en 2003. Je m'en souviens, car y avait une promo ce jour-là et… bref.

Elle se saisit de la fourchette et poussa un cri, sorte d'orgasme étouffé : on va sublimer cette fourchette. Et puis elle se mit à parler à la fourchette en lui demandant si elle était heureuse et en la rassurant : « Ne t'inquiète pas, fourchette, tu ne serviras pas qu'à piquer, nous allons te rendre encore plus jolie. » Moi, je regardais ça d'un air défait et atterré. J'attendais le moment où elle allait lui demander (à la fourchette) si elle se sentait bien dans son corps ou si elle voulait changer de sexe.

Elle m'expliqua : « Les objets ont une âme, mais je sais que tu le sais. » Ah bah non, moi je ne sais rien du tout. Ma fourchette Habitat n'a pas d'âme, pas plus que mon assiette Ikea. Certes la chaise que j'ai héritée de ma grand-mère, qui elle-même l'avait héritée de la sienne, a peut-être une âme, mais pas ma fourchette, non.

Alors elle prit une assiette en fausse céramique, la posa sur la table, m'expliqua que pour être jolie, une table devait donner envie. Qu'il fallait parsemer la table de dignité (?), ne pas en faire trop, ne pas remplir l'assiette quitte à la remplir qu'à moitié, que les choses devaient être spectaculaires sans être vulgaires, qu'il fallait du dynamisme dans l'assiette sans bordel et que LE fourchette se mettait désormais à gauche et LA couteau à droite, car au XXIe siècle il faut « bousculer les tendances » jusque dans notre déco d'assiette.

Moi je suis restée muette. Au bout d'une heure à ne me raconter que des conneries, elle m'a demandé 200 euros en espèces. J'ai donné LA sous et elle est partie. Moi je n'étais pas plus avancée et l'heure, elle, avançait.

À 19 heures, avant que mon mari ne rentre, j'ai mis sur la table une nappe constituée d'un drap de mon fils en percale de coton, la dame avait dit que c'était tendance de faire ça, de mettre des draps, et elle avait ajouté : « Si elle est un peu froissée, la drap est encore plus inspirante sur une table. »

J'ai allumé trois bougies, posé nonchalamment des baies rouges séchées un peu partout. Totalement instagrammable. Je me sentais l'âme d'une grande décoratrice de table.

Quand l'Homme est rentré, il avait oublié la Saint-Valentin (ça arrive chez les couples qui ont plus de 15 ans de vie commune, ce n'est pas instagrammable). Lorsqu'il vit la table si belle, il osa ces paroles : « Mais me dis pas que tu as pris le drap du grand ? Enfin on n'a pas les moyens d'acheter une nappe ? Je comprends pas ce trip-là. Bon et on mange quoi ? »

Merde, je n'avais rien à manger.
#loose #ratagecomplet #pimpTaTable #maisrienabouffer

ÉCHELLE DE GWYNETH : 3,5/20 (POUR L'EFFORT).

15 FÉVRIER

Devant mon échec cuisant d'hier, je décidai de faire tout l'inverse des promesses que je m'étais fixées.

À bas le pimpage de ma table.

Un peu comme pour la déco, marre des diktats que Instagram nous impose.

Je convoque aussitôt le mari et les enfants : « Ceci est une crise. Je ne ferai pas d'effort dans la déco de vos assiettes, je vous préviens, je ne me laisserai pas influencer par des comptes Instagram qui veulent me faire culpabiliser de ne pas avoir une vaisselle assortie à ma nappe et à mes yeux ! Je remplirai mes assiettes comme bon me semble, je servirai des gratins dans des plats moches, car tel est mon destin ! Et maintenant je me lève et je me casse ! »

Le mari objecta que j'étais déjà debout et un des enfants, saluant la remarque de son père, ajouta : « Bah, en fait, tu changes rien quoi. »

Sale gosse.

17 FÉVRIER

Non seulement je change, mais je change tout, je fais ma révolution dans ma cuisine, sur la table de salle à manger si je veux. Et ce sera pire qu'avant, je vous le dis.

Avant, tout de même, je mettais la fourchette à gauche et le couteau à droite, je posais mes assiettes Ikea proprement, j'avais quelques jolis plats hérités de ma grand-mère, je posais une serviette pliée dans le verre, verre acheté lors d'une brocante, verre qui donne l'âge de l'enfant ou le mien, verre « t'as quel âge ». La joie de savoir que j'ai 22 ans sur le verre est au moins aussi forte que celle que ressent un enfant de 3 ans qui a un verre lui disant qu'il a 11 ans. C'est idiot hein.

Je posais une carafe d'eau aussi.

Bref... jusque-là, c'était pas instagrammable mais ça passait.

Désormais ce serait la révolution !

#chaosAtable

18 FÉVRIER

Gnagnagna, une de mes copines est passée à la maison et, ne sachant rien de mes projets de Che Guevara de la déco de table, elle arriva avec un cadeau... un chemin de table liberty. Gnagnagna.

Avec son ton de Parisienne qui a lu tous les livres d'Inès de La Fressange, elle ajouta avec son joli sourire (en plus d'être gentille, elle est jolie, la *bitch*) : « Je t'ai rapporté ça du magasin Liberty à Londres. C'est un *must have*, ça habille ta table d'un rien. »

Mais merci... juste au moment où je voulais déshabiller ma table, renverser les codes, elle m'offre le MUST HAVE pour l'habiller. Alors que ma table n'a rien demandé, je veux dire c'est JUSTE une table. Elle se fiche d'avoir un chemin qui la traverse, de porter des jolies assiettes, d'avoir une fourchette à poisson quand on mange des surimis, et des bougeoirs qui la décorent.

Je n'ai pas cédé, j'ai dit à ma pote : « Merci mais... comment dire... je suis contre la tyrannie qui consiste à pimper ma table. Je suis en bataille avec les codes qu'Insta et autres réseaux sociaux veulent nous imposer, je venais justement de prendre la décision de ne pas faire de ma vaisselle et de ma table le symbole d'une réussite. J'en ai marre de ces meufs qui prennent en photo leur table pour l'étaler ensuite sur les réseaux sociaux. Je chie sur les gens qui n'ont pas de vie et qui du coup passent par leur vaisselle et le chemin de table pour EXISTER. Je sais pas moi, trouve-toi déjà un chemin de vie avant de m'offrir un chemin de table liberty, car NON la liberté ce n'est pas le chemin de table, la liberté c'est de bouffer dans des assiettes en carton pas recyclé avec des couverts en plastique fabriqués en Chine. Ou non, tu sais quoi ? La liberté c'est de bouffer avec les doigts, ouais la liberté c'est la FINGER FOOD. Alors oui, c'est pas aussi sexy hein, mais qu'est-ce qu'on en a à foutre que notre table soit sexy alors qu'on peine à l'être nous-mêmes ? #jesuisunetable »

La pote trop belle et trop sympa ne disait rien. J'ai cru d'abord que je l'avais convaincue par mon discours.

En fait non.

Elle récupéra son chemin de table liberty, gnagnagna, se leva, et alors qu'elle était au-dessus de moi puisque j'étais assise (et que de toutes façons elle mesure 1,77 m et moi 1,65 m), elle me lança « ma pauvre fille, t'es dingue, c'est juste un chemin de table », avant de partir. #matablenedemanderien #unetableCestPourManger

19 FÉVRIER

Instagram me suggère de *follower* un compte @matableestbelle commeunefemmequiprendsoindelle. Non mais ohhhhhhh ohhhhhh.

20 FÉVRIER

Hier soir j'ai fait un rêve étrange et pénétrant. Une assiette en porcelaine de Limoges fonçait droit sur moi avant de me parler et de me dire « tu n'es qu'une femme inutile ».

Le message est très clair, on se fiche de moi.

22 FÉVRIER

Tout un dossier dans un magazine féminin sur l'art de sublimer sa table. Je n'en peux plus, je suis poursuivie. Ça me renvoie le message que si je ne fais pas pareil, je suis une nulle. Enfin c'est comme ça que je le ressens. En gros si tu pimpes pas ta table, tu es nulle et tu n'existes pas.

NON MAIS OH.

Bordel, je ne veux pas relooker ma table qui n'a rien demandé.

Et je ne veux pas servir des plats bio sans gluten (on y reviendra) dans une assiette vintage.

D'ailleurs j'en ai marre de cette mode du vintage. PARTOUT. TOUT LE TEMPS.

Jusque-là, avant cette mode, lorsque je sortais la vaisselle héritée de mon arrière-grand-mère (c'est toujours ça que les Allemands n'ont pas eu, mais passons), on me disait que j'étais RINGARDE. Mais comme je m'en fichais et que moi j'aimais bien la vaisselle avec les petites fleurs des champs (ouais, même en hiver), je sortais ça coûte que coûte.

Et puis un jour, vers 2000 je crois, lorsque les gens ont commencé à avoir peur de leur présent et que le futur ne sentait guère bon (ceci se confirma par la suite, en 2020 lorsqu'une pandémie mondiaaaale vint ravager tous les projets et les rêves futurs), le mot VINTAGE fit son apparition.

PARTOUT. TOUT LE TEMPS.

Il ne fallait plus que chiner des canapés vintage, des fringues vintage et aussi, c'est ce qui nous intéresse (je dis nous, car nous sommes plusieurs dans ma tête), des nappes en lin datant de 1888, de la vaisselle de 1930, des fourchettes et des couteaux « à l'ancienne », des verres émaillés...

Chiner sa vaisselle vintage est donc devenu une activité « *so* 2000 ».

Il fut même écrit sans un magazine féminin, je cite : « La vaisselle vintage possède ce petit truc en plus, ce style naturel et loin d'être démodé, qui nous fait succomber à tous les coups. »

MAIS OHHHHHH EHHHHHH LES GENS. RÉVEILLEZ-VOUS !

NON on ne succombe pas À TOUS LES COUPS pour de la vaisselle vintage.

Le must étant donc d'avoir des tasses ébréchées. Le pire de tout cela : la vaisselle vintage et déjà cassée coûte BIEN plus cher. Monde de dingues.

Non, en fait, le PIRE c'est les magasins modernes qui, sentant le truc, ont fabriqué des assiettes et des tasses vintage, faussement abîmées donc. Faussement vintage. Ou comment créer un mensonge total. Et ça marche !!

Les gens achètent la vaisselle VINTAGE chez Ikea.

Je ne suis pas Gwyneth, mais soit c'est VRAIMENT vintage, soit c'est pas VINTAGE (notez, sivouplé, cette phrase qui rendra Socrate jaloux).

Donc revenons à notre dossier pour sublimer ma table : vaisselle vintage, fleurs séchées, nappe en dentelle.

C'est plus une table, c'est une cérémonie d'enterrement !

#marreduvintage #crottedelapin #vintagegnagna #marredelatendance

23 FÉVRIER

Hier, je n'ai pas mis la table.

On a dîné assis par terre avec les enfants. Devant la télé. Sans couverts. #liberté #lespetitsplatsdanslesgrands #oupas

0,5/20 SUR L'ÉCHELLE DE GWYNETH.

25 FÉVRIER

Cette nuit, j'ai réfléchi. Ouais.

Et je me suis dit que pire que le vintage et les belles tables pour les repas en ville, il y avait la dictature des tables parfaites lors des événements phares de l'année.

Oui parce que je sais pas vous, mais cette pression qu'on a à Noël... déjà on doit avoir les plus beaux enfants, le plus beau sapin, le plus beau Père Noël, la plus belle dinde (je ne parle pas de toi, Inès), les plus belles boules (je ne parle pas de toi, chéri), mais il faut en plus avoir la plus belle table et surtout la prendre en photo hein, pour faire sa crâneuse, comme dirait ma fille.

Je ne parle même pas de « l'ambiance musicale » qui rend les gens cool.

Un peu comme dans un contrôle d'école quoi.

Note sur 20 pour ta déco de Noël : 5 points pour la musique, 10 points pour ta table, 5 points pour ton sapin.

À Noël, je crois bien qu'on est sur le climax de la déco de table.

Déco rouge ? Déco naturelle ? Déco scandinave ? Déco chic ? Déco tradition ? Déco rustique ? Du vert ? Du doré ? Des bougies ? Pas de bougies ?

Et puis surtout, il faut donc montrer tout cela sur Insta, hein, sinon pas drôle.

Et toi t'es là avec ta table normale, ton sapin normal, ton Père Noël qui est joué par ton beau-frère normal, tes cadeaux normaux, ta playlist toute faite, et tu te dis mince alors, suis-je passée à côté de mon Noël ?

#décodenoël #chritsmasfeeling
#madécodetabledenoelestplusbellequelatienne
#jaiunebelletabledoncjesuiscool
#jadoreprendreenphotomavaisselledenoel
#monsapinesttellementplusbeauqueletien

26 FÉVRIER

J'ai à nouveau réfléchi. Ouais.

Si Noël est déjà BIEN stressant pour les gens qui ont une déco de table normale et qui, découvrant sur Insta que chez les autres c'est TROP beau, doivent ensuite prendre deux Xanax, il y a aussi la déco de table des fêtes, notamment pour les mariages, qui peut finir de les/nous achever.

Parfois. (Rarement. Bon pas si rarement. Tout le temps ?)

Passé les questions sur qui est le mari, qui est la femme, quand et où aura lieu la cérémonie, comment sera la robe et qui seront les témoins, on arrive à l'obsession de la déco et notamment de la déco de table et même de la déco d'assiette.

Ainsi, une de mes amies me parlait plus des noms qu'elle donnerait à chaque table, des fleurs qu'elle ferait mettre sur chaque table, de l'abondance de guirlandes lumineuses qui envahiraient les tables, du look de la pièce montée, des petits-fours servis à l'apéro, du nombre de nappes qu'il lui faudrait prévoir, du nombre de verres qu'il faudrait utiliser que... de son futur mari.
#matabledemariage #décotablemariage
#weddingisdecorationdetable
#lemariestmoinsimportantquelesserviettes

Tout ça pour finir par mettre sur Insta des photos des tables vides, au lieu de mettre des photos de l'amour, de l'ambiance et de la joie.

Donc imagine si tu t'es mariée sans réfléchir trop à la location de vaisselle, au dressage de l'assiette et à la tête de la pièce montée, tu deviens vite ringarde.

ÉCHELLE DE GWYNETH : 5/20.

27 FÉVRIER

Hier soir, j'ai sorti MA grande vaisselle. Pas celle de mon arrière-grand-mère, non. Celle achetée au Monop'. Je la kiffe trop.
Comme nous sommes en hiver, il me fallait une vaisselle adaptée. C'est donc dans une assiette blanche que je décidai de servir ma famille. Et comme je suis dingue, ouais, j'optai pour des verres transparents qui ne sont pas sans évoquer les glaçons de l'hiver. Ou la transparence de nos vies. Ou juste rien du tout.

Puis je servis mon repas en dressant l'assiette façon Ducasse. Non, je déconne. Façon Ducon.

J'ornai le tout d'une carafe incroyablement moderne qui nous permit de mesurer le niveau de l'eau que nous allions consommer, une bouteille en plastique même pas recyclé.

Puis je pris cette scène (qui ne fut pas sans rappeler LA Cène) en photo, afin de la poster sur Insta :
#décominimaliste #matablepreferée #sanschichis #avecamourhein #fucklapressionsociale #jefaiscequejeveuxamatable #limportantestailleurs

J'obtins ainsi un like. De moi-même.

ÉCHELLE DE GWYNETH : 3/20.

28 FÉVRIER

Réflexion faite, il y a encore pire que la déco de la table de Noël et de la table de mariage, il y a celle de la Baby Shower de l'enfant à naître. On dirait que tout se joue dans cette fête (nouveauté totale depuis 10 ans, merci l'Amérique), et particulièrement la déco de la table sur laquelle sont posés le cake de la femme enceinte, les petits cadeaux pour les copines de la maman. Si vous n'avez pas été invitées à celle de Kim Kardashian (moi perso, j'étais aux quatre Baby Showers de ses quatre bébés, on est potes Kim et moi), je vous suggère d'aller voir #babyshower.

Dans ce genre de fête, on ne sait plus si la femme enceinte et ses amies sont plus excitées par ce bébé qui va naître ou par la déco de la table notamment.

Les photos de ces décos fleurissent sur Pinterest ou sur Insta.

Ballons roses ou bleus selon le sexe de l'enfant à venir (blancs si on sait pas), cupcakes roses ou bleus aussi, bonbons présentés dans des bocaux sublimes, nappe chinée en vieux rose ou vieux bleu (si tu mets vieux devant une couleur, c'est censé la rendre chic), jus à la rose servi dans des verres à champagne. Et puis cadeaux, rires (hihihihi), bonbons, fruits, douceurs. Bonheur qu'il faut afficher ici et là, mais surtout là.

Et là, toi citoyenne lambada (c'est plus dansant que lambda), tu te dis que tu as mis quatre enfants au monde sans avoir ça. Mais où étais-je ? Que faisais-je ?

29 FÉVRIER

Oui, cette année les jours sont 29.

Arrivant au terme de mon mois de décoration ratée de ma table, je dois ici dire que non je ne suis pas une aigrie jalouse, car je sens que c'est ce qui pourrait m'être reproché (et encore on n'est qu'en février). Je ne suis pas une sans-culotte qui veut renverser le pouvoir et les codes. (Je porte toujours une culotte.)

Je ne suis pas envoyée par la LVN (Ligue de la Vaisselle Normale).

Je ne suis d'aucun parti, je suis de toutes les parties, moi je ne fais qu'un seul geste, je garde ma vaisselle banale, je garde ma vaisselle banale, toujours très bien rangée.

Chacun fait ce qu'il veut, chacun passe le temps qu'il veut à décorer sa table et son assiette. Rien à redire. Mais ceux qui ne désirent pas le faire (moi, moi, moi, moi, moi, moi) n'ont pas à rougir, à trembler lorsque négligemment ils jettent une nappe en coton sur leur table, qu'ils sortent leur vaisselle blanche, leurs couverts en métal, leur bouteille d'eau du frigo, leur Sopalin, leur nappe de Noël qui est la même que les autres jours.

Si on ne « dresse » pas son assiette comme dans un étoilé pour recevoir ses amis ou nourrir ses enfants, ce n'est pas grave non plus hein. Pas besoin de faire sa crâneuse hein.

#lessentielestinvisiblepourlesyeux #jecitequijeveux

Bilan février

Tout comme en janvier, je ne me sens ni prête
ni obligée de pimper ma table, mon assiette.
Mes tentatives de rébellion ayant séduit mes enfants qui
adorent (comme moi) manger parfois avec les doigts.
Ma dinde de Noël se fiche de savoir si elle sera entourée
de fleurs séchées et de vaisselle vintage louée sur un
site, ma table se fiche d'avoir un chemin qui la traverse.
Mes verres, eux, accusent le coup, car ils en ont marre
d'être associés à une vaisselle de tous les jours grise
et blanche, qui les renvoie à leur propre transparence.

Je ne dis pas, faut jamais dire jamais, que parfois
on ne fait pas des efforts hein. Par exemple une fois
j'ai mis des serviettes à la place du Sopalin.
Pas en tissu hein, faut pas déconner non plus.
Folie.

Si j'ai déjà essayé de copier une déco de table de Noël ?
Bah oui, je suis comme tout le monde.
PARADOXALE.

ÉCHELLE DE GWYNETH : 0/20.

Mars

1er MARS

Après ce mois de 29 jours, je dois vous dire ma joie de voir un mois de 31 jours arriver.

Parce que si déjà j'ai eu du mal à dénoncer la dictature du dressage d'assiette, je peux te dire, Gwyneth (parfois on se parle elle et moi, enfin surtout moi), que la dictature de ce qu'on doit manger mérite un journal intime à lui tout seul.

Quand j'étais jeune, il y a 2 000 ans (j'ai d'ailleurs connu Jésus), je mangeais de la viande rouge et pas rouge, des Petit écolier, des crêpes au Nutella, des flambys et ça me faisait rire, des haricots achetés parfois au marché, parfois au supermarché, des œufs, du saumon fumé, des pâtes, du pain à la farine de blé avec du Kiri, des glaces, des fraises, du poulet souvent le dimanche midi (comme tout le monde), des bonbecs quand j'avais 1 ou 2 francs dans ma poche. Je buvais du lait de vache, parfois de la grenadine et même du Coca. Mes parents buvaient du vin parfois aussi tout en fumant une clope.

Tout ce que je viens de décrire ne semble pourtant pas incroyable.

Pourtant si ! Depuis quelques années, manger comme avant est devenu non pas impossible mais pire, « mal vu ».

L'an dernier, j'étais au restaurant avec des amis. Je commande une entrecôte. Que n'avais-je pas fait !

La jeune fille assise à mes côtés (je ne la connaissais pas) me toisa avant de me dire avec cet air faussement choqué : « Tu manges des animaux morts ? »

Un instant, j'ai pensé qu'elle plaisantait. J'ai même souri, je crois.

Mais visiblement non. Alors avec l'humour légendaire qui me caractérise (j'ai TOUT appris à Desproges que j'ai connu dans les années 60, ma plus grande rencontre après Jésus), je répondis : « Bah, il vaut mieux les manger morts que vivants hein. » Je fis suivre cette blague (3/20 sur l'échelle de Gwyneth) d'un rire gras qui m'étonna moi-même, mais c'est toujours bien d'être surpris par soi-même.

Elle me lança un regard pire que celui qu'avait lancé Nellie Oleson à Laura (saison 8, épisode 67 de *La Petite Maison dans la prairie*) et me dit : « C'est pas drôle. »

Donc non seulement elle ne mangeait que des animaux vivants, mais en plus elle manquait d'humour. Quelle audace !

Lorsque mon entrecôte arriva, elle continua de me regarder, de me juger comme si j'avais dénoncé une famille juive en 42 (alors que je suis juive, donc cela est impossible).

Du coup, forcément je ne faisais pas la maligne en avalant mon animal mort. Elle avait réussi le tour de force de me convaincre que si je mangeais de la viande, non seulement j'étais inconsciente, car « c'est MAUVAIS pour la santé », mais qu'en plus je participais à la souffrance animale mondiale, comme si je portais un manteau de fourrure.

Je la regardai manger sa salade de tomates et je lui demandai alors : « J'ai BIEN COMPRIS que tu ne manges pas de viande, mais tu as vu, il y a du poisson ou même une omelette si tu manges végétarien. » Elle me fustigea à nouveau du regard : « Je ne mange pas de poisson pour les mêmes raisons et je ne mange pas d'œufs. Je ne mange RIEN de ce qui provient des animaux. Et je trouve ça dingue que de nos jours, au XXIe siècle, les gens le fassent encore » (là, elle avait le ton de Nellie Oleson épisode 87 de la saison 16). VégétaRIEN.

Bon.

Essayant de rester sympa avec elle, au moment du fromage, je lui tendis le plateau. « Tu n'as RIEN compris, je ne consomme pas de lait... et le fromage c'est fait avec quoi ? » me demanda-t-elle comme si j'avais 2 ans et demi. J'avais bien envie de lui répondre « papa, c'est quoi cette bouteille de lait ? », mais comme elle n'avait que 22 ans, elle n'aurait pas eu la référence de vieille que je suis.

Je lui demandai gentiment d'arrêter de me juger et d'user d'un ton plus sympa. Ça ne sert à rien de manger « sain » si on est désagréable hein. Dans ma barbe que je n'ai pas, je rajoutai : « Ça va, pète un coup. » Mais elle entendit, car donc je n'ai pas de barbe.

Nos voisins de table avaient quasiment sorti les gants de boxe. Tout ça parce que JE décidai de manger ce soir-là une entrecôte.

J'avalai alors cul sec mon verre de vin avant de lui tendre le panier à pain : « Mange au moins du pain, tu vas crever sinon. » Elle sourit et répondit d'un ton narquois : « Je ne mange pas de gluten. »

J'eus un fou rire, auquel je décidai de mettre fin en allant fumer une clope. « Parce que, en plus, tu fumes ? Tu es infréquentable », me lança-t-elle. Elle voulait se battre ou quoi ?!

Un peu énervée, je répondis : « Oui je fume, je bois du vin pas bio, je mange du gluten, de la viande, des œufs, du poisson et même des tomates cerises quand c'est pas la saison. Et alors tu vas faire quoi ? M'inculper pour fumage ? » (J'ai volé cette réplique à Sharon Stone dans *Basic Instinct*, je voulais mettre fromage à la place de fumage, mais cela n'aurait pas été drôle, enfin je crois.)

Je mis fin à la soirée en partant la tête haute (enfin pas si haute, car j'avais bu, donc ma tête vacillait).

De retour chez moi, j'ouvris le placard, je pris une cuillère, un pot de Nutella et je m'en servis sept rations. Avec huile de palme. Dans ta face Madame qui me juge parce que JE mange de la viande. Pour couronner le tout, je bus une canette de Coca avant de me faire le saucisson en entier suivi d'un pot de glace Haagen Dazs.

Et c'est ballonnée que je me dirigeai alors vers mon lit en maudissant cette fausse bien-pensance de la bouffe qui, derrière des attitudes

zen et cool, se permet de ME juger. (Attention, pas tout le monde, hein. J'ai ainsi des amis végétaliens, qui sont sympas.)
#vegan #tuEscequeTumanges #veggieIsLife #MortAuGluten #AbasLeNutella #laViandeCestmal #TuonsLesBouchers #CassonsDesŒufs

SUR L'ÉCHELLE DE GWYNETH : 5/20.

2 MARS

Le fait de raconter tout cela hier m'a mise en rage. Et même si le récit date d'il y a un an, j'ai craqué. Et qu'est-ce que je fais quand je craque ? Je mange encore du Nutella.

Je sais, l'huile de palme, les kilos, le cholestérol, mais pour moi le Nutella est comme un doudou, un renvoi dans l'âge enfant, un *feel good* bouffe.

Je sais qu'il existe des copies sans sucres ajoutés, sans chocolat, sans noisette, sans huile de palme, mais du coup que reste-t-il ?

Donc, ce matin au réveil avec ma trace de Nutella sur la joue droite, je me suis dit « PLUS JAMAIS de NUTELLA ». Je pense tenir trois jours.

3 MARS

J'ai tenu 20 heures. J'ai fini le pot à la petite cuillère et j'ai ensuite accusé mon plus jeune enfant.

Le compte Insta @MangerBien pense que je dois essayer de manger « en pleine conscience ».

C'est LA nouvelle méthode. Il paraît que si tu manges en pleine conscience, tu savoures ce que tu manges, tu mastiques, tu te goinfres pas et tu manges moins.

OK, je vais essayer ce soir.

MAIS d'abord, je vais passer ma journée (oui, je n'ai QUE ça à faire) à m'abonner à des pages de gens qui cuisinent bien, qui ne mangent pas de gluten, qui mangent bio, qui ne mangent pas de viande, qui ne mangent pas de sucres, qui ne mangent pas d'œufs ni de poisson.

Bref, je vais m'abonner à des gens qui bouffent du tofu bio. #tuEsCequeTumanges #BioIsLife #CeleriIsLife #LeSucreCestMal #mangerRienPourVivreMieux

4 MARS

Donc, hier soir, j'ai essayé de manger en pleine conscience.

J'ai saisi le pot de Nutella et je lui ai dit « toi je vais te savourer ». À ce moment-là mon mari est arrivé, il m'a demandé ce que je faisais, ce à quoi j'ai répondu « bah je mange du Nutella en pleine conscience » comme le font des filles sur Insta. Il a ri avant d'ajouter : « Mais enfin le Nutella, c'est NIET. On décide pas de manger en pleine conscience du Nutella, puisque par essence le Nutella c'est de l'inconscience ! »

Je ne suis pas d'accord, j'ai répondu. Moi je veux juste adopter cette technique de pleine conscience, pas arrêter le Nutella. À ce moment-là, le pot de Nutella s'est mis à nous parler. Je vous jure. Il a dit un truc comme « mange-moi consciemment, inconsciemment, mais mange-moi » (enfin je crois qu'il a dit ça en italien, car il est rital le Nutella). Bah tu vois, j'ai dit à mon mec, si c'est le Nutella lui-même qui me réclame hein... que puis-je y faire ?

Du coup, selon la fameuse théorie du « foutu pour foutu » (ou « tofu pour tofu »), j'ai terminé le pot. Avec inconscience. Puis je me suis prise en photo avec le pot vide pour la mettre sur Insta : #nutellaIsLife #viveLeGras. Curieusement je n'ai reçu que des insultes. Petit florilège :

« CRÈVE ORDURE, ÉTOUFFE-TOI DANS TON POT » : SYMPA.
« C'EST À CAUSE DE GENS COMME TOI QUE LE MONDE VA MAL » : OU PAS.
« LA DÉFORESTATION C'EST TOI, SALOPE » : BIEN.
« GROSSE VACHE, TU MÉRITES QU'ON TE RETIRE LA GARDE DE TES ENFANTS » : OK MAIS MON CHIEN ?

Tous ces messages venant de gens aux noms doux et jolis comme @biobiobiobioLife.

Donc je méritais déjà la mort parce que j'avais mangé de la viande l'an dernier et là je méritais qu'on me retire mes enfants parce que... j'avais mangé du Nutella.

Si tout cela rend les gens violents, mais qu'ils mangent de la viande, du Nutella, du sucre et du gluten et qu'ils nous foutent la paix !

Ça m'a fait penser aux vegan qui agressent des bouchers ou qui vandalisent leurs vitrines en écrivant à la peinture rouge des choses comme « le boucher tue plus que les maladies » ou « mangez de la viande : mangez votre boucher » (perso, je n'ai pas envie de manger mon boucher barbu).

Dans mon esprit les gens vegan sont censés être *peace'n'love* et en fait certains (pas tous hein, je connais des vegan sympas) sont d'une rare violence.

Voilà c'était le point vegan du jour.

Alors, comme je ne suis pas butée, dès demain je vais essayer la viande vegan (oui, je sais, viande et vegan c'est étrange, et pourtant...).

Sur ce, je file racheter du Nutella. En pleine conscience.

5 MARS

Parmi les comptes auxquels je me suis abonnée, il en est un qui ne parle que de jus de fruits et de légumes. La personne qui le tient ne se nourrit même que de cela. Grâce à son *blender* (prononcer blène-deure), elle propose des jus incroyables :

LE JUS VITALITÉ AVEC KIWI ET CÉLERI.
LE JUS DÉTOX AVEC KIWI ET CÉLERI.
LE JUS FEEL GOOD AVEC KIWI ET CÉLERI.
LE JUS NUIT TRANQUILLE AVEC KIWI ET CÉLERI.

Bref, elle n'aime que le kiwi et le céleri.

D'après ce compte, nous ne pourrions vivre que de céleri et de kiwi, car le reste est MAUVAIS pour la santé. Cette personne est évidemment mince (tu m'étonnes) et semble même avoir combattu le Covid grâce à sa recette.

Moi avec mon nouveau pot de Nutella dans une main, mon steak dans l'autre et mon verre de Nesquik dans la troisième (j'ai trois mains, chut), je me suis dit « OK, je vais essayer ».
Après tout, qu'est-ce que j'ai à perdre, à part des kilos ?

Aussitôt je suis allée sur Amazon (oui, je vais sur Amazon, pas tout le temps hein mais parfois, et je l'avoue – comme ces gens qui disent « je ne lis *Voici* que chez le coiffeur », alors que durant tout le confinement #1 ils le lisaient et que les coiffeurs étaient fermés) et j'ai acheté un blender : 220 euros. C'est que ça coûte cher ces trucs-là. J'espère qu'à ce prix-là, le blender sert aussi de sèche-cheveux/téléphone/appareil photo/machine à laver.

Le soir du 5 mars, vers 20 h 02, j'avais donc mon blender, mon kiwi, mon céleri. J'étais prête à abandonner mon Nutella pour me mettre au jus.

Le soir du 5 mars, vers 20 h 57, je mis fin à mon régime de jus.

Non parce que, soyons honnêtes, le céleri c'est DÉGUEU.

Ma vie est trop courte pour que je boive des trucs dégueu sous couvert de « c'est bon pour la santé ».
Aussitôt je me désabonnai de ce compte.
#fuckCeleri #fuckKiwi #fuckKiwiCeleri #mangerGreenOuPas

ÉCHELLE DE GWYNETH : 1/20 (POUR L'EFFORT).

6 MARS

Hier soir, après mon expérience avortée de jus, nous avons allumé la télévision (cet objet du diable) et devine qui était là ? Comme la veille ? Comme l'avant-veille ? Comme en 2019 ? Comme en 2018 ?

Comme en 2017 ? etc.

CYRIL. Cyril Lignac *himself* dans MA télé, dans MON salon.

Moi je l'aime bien Cyril. Il a un accent qui chante, une bonne tête, et puis surtout il cuisine bien (c'est son métier, je sais).

Avec Cyril on a tous envie de gourmand, de croquant, et on a tous envie de revisiter la tomate.

Vraiment. Quand je le vois à la télé, que je m'abonne à son compte, je suis heureuse. Et puis.

Et puis je me rends vite compte que je n'arrive pas à revisiter la tomate, que je suis nulle en cuisine et que je suis une GROSSE MERDE.

Mais c'est pas la faute de Cyril hein. C'est la faute à cette pression qu'on nous met avec les Top Chef, Master Chef et autres « meilleurs cuistos de l'univers ».

Déjà que je ne mange pas en pleine conscience, que je bouffe de la viande, du gluten, que je n'aime pas le céleri, MAIS en plus je ne sais pas revisiter la tomate.

Ma vie culinaire est un drame.

Du coup j'ai été faire un plein chez Picard, j'ai tout mis dans le micro-ondes.
#jenesuispascroquante

8 MARS

Aujourd'hui c'est la Journée internationale des droits de la femme. C'est donc tout naturellement qu'une instagrammeuse beauté que je follow m'offre moins 10 % sur la gamme « sexy en lingerie » avec le code FEMME, que mon marchand de légumes m'offre trois clémentines, que le magasin du coin m'offre un livre de cuisine « Apprendre à cuisiner et à manger sans gluten : pour une vie pleine de sens ».

Ce qui me choque le plus étant évidemment le fait de ne pas manger de gluten hein. ÉVIDEMMENT.

9 MARS

J'ai mis une grappe de tomates cerises en photo sur Instagram, suivie du commentaire « n'est pas Lignac qui veut ». Pas de viande, pas de gluten, pas de poisson, pas d'huile de palme, pas de sucre, pas d'œuf.

Qui aurait pu prévoir que même ça allait provoquer l'ire des gens, hein qui ? Pas moi. Ni Cyril. Ni même la tomate elle-même.

C'est donc sereine que, une fois la photo postée, j'allai me coucher.
(Suspense.)

10 MARS

Fin du suspense insoutenable.
Ce matin je me réveille. Je ne bois pas de jus de céleri tout en faisant du yoga.
Je fais ce que tout le monde fait chaque matin : je vais faire pipi, puis je regarde mon téléphone.
(Non parce que soyons clairs, on va tous d'abord faire pipi le matin, mon premier geste beauté c'est ça.)

Donc j'allume mon téléphone, cet objet transitionnel entre l'âge ado et l'âge vieillard.
Je vais sur Insta. Et là, ô rage, ô désespoir, ô vieillesse ennemie, n'ai-je donc tant vécu que pour cette infamie ? (*Le Cid*, saison 2, épisode 4).
Des insultes. Des tonnes de messages méchants, désagréables et accusateurs.
En dessous de la photo de ma GRAPPE DE TOMATES.

Aucun doute je suis mal réveillée. J'aurais dû suivre les conseils de *morning routine* des magazines féminins. J'aurais dû me retenir de faire pipi et me pschitter une brume du matin à la rose sur les joues.

OK, donc je recommence. Je ferme Insta.
Je vais même jusqu'à manger cul sec un bout de céleri.

Je rallume Insta.

Non, je n'ai pas rêvé, je me suis fait lyncher. Sous la photo de ma grappe de tomates.

Pourquoi ? Bah parce que hier nous étions le 9 mars.

Quel est le rapport ?

Le rapport, d'après mes *haters* (prononcer hey teurse), c'est qu'en mars, c'est pas la saison des tomates cerises.

WTF ? (*What The Fuck*, ou Wagon Train Fantôme.)

Ainsi donc, en mars ce ne serait pas la saison des tomates cerises ?!!!! je me répète à moi-même. Et personne ne m'a prévenue ?

Aussitôt je vais vérifier mon erreur sur Internet. En effet les tomates cerises poussent entre juillet et septembre.

Bon OK, mais que celui qui n'a jamais mangé de tomates cerises en mars lève l'index !
Petit florilège des doux mots que je reçus suite à une photo de tomate cerise (j'aurais décimé un peuple, je ne m'en serais pas autant pris dans la tronche) :

ON NE T'A PAS APPRIS LES SAISONS SALOPE ? (POURTANT SI).
SI LE MONDE VA MAL, C'EST À CAUSE DE GENS COMME TOI QUI MANGENT DES TOMATES CERISES EN HIVER (HUM, C'EST DONC ÇA).
PRENDS TA GRAPPE ET METS-LA DANS TON CUL, ÇA AURA PLUS D'UTILITÉ (NON MAIS JE NE PEUX PAS, PAS DE PLACE).
ÇA BOUFFE DU NUTELLA ET EN PLUS DES TOMATES CERISES EN HIVER.
HONTE À TOI ! ÉTOUFFE-TOI AVEC TES TOMATES (BONNE IDÉE).

Que n'avais-je pas fait ?!

Manger des tomates en hiver semble donc affreusement interdit de la part d'une certaine frange de la population qui mange selon les saisons. Pourquoi pas des clémentines en juillet tant qu'on y est ?

Encore une fois, je salue le geste de respecter la saisonnalité des fruits et légumes, mais les insultes, la haine ? NON MERCI. Je fais ce que je veux, et si je VEUX manger une tomate mozza en décembre, des fraises en janvier et du céleri en mars, je le fais ! (Je déconne, je n'aime pas le céleri.)

En plus, ce n'est pas de ma faute, c'est Cyril, il a dit que c'était croquant. L'inconscience du mec !

#tomatesParty #jesuisunetomate

ÉCHELLE DE GWYNETH : 5/20 (PARCE QUE BON, C'EST DES LÉGUMES TOUT DE MÊME).

15 MARS

Si je n'ai pas écrit depuis cinq jours, ce n'est pas parce que je suis morte étouffée dans un pot de Nutella.

Non, j'ai essayé de jeûner durant quatre jours. En effet, sur l'un des comptes Insta que je me suis mise à suivre, une nana déjà toute mince a posté une photo d'elle avec son ventre plat, sa mine fraîche et son sourire en mettant des hashtags partout : #jejeunedoncjesuis #jeunesertaseregenerer #jeunerIsLife #lesBienfaitsDuJeune #ciaoLesToxines #mapeauestBelle #jeDorsMieuxSiJeJeune #EtSiVousEssayiez

Visiblement elle avait l'air heureuse. Moi avec mon pot de Nutella vide, je me suis dit « banco ». J'ai prévenu mon entourage, j'ai regardé vite fait sur Internet et j'ai opté pour le vrai jeûne. Le jeûne TOTAL.

Oui, car il existe le jeûne par intermittence, qui consiste à ne rien manger durant 12 heures. Mais ça, c'est pas pour moi, j'ai pensé. Moi je suis entière : c'est tout ou rien.

Visiblement j'aurais mieux fait, pour une fois, de faire les choses à moitié.

Au bout de six heures de jeûne, j'ai commencé à me sentir mal. Mais vraiment mal. Mon mari adoubé par mes enfants m'a traitée de menteuse sans volonté (bon OK, j'exagérais un peu).

Mais j'ai tenu. Je ne suis pas une chochotte hein. Et puis je me suis dit : « Que ferait Gwyneth Paltrow dans une pareille situation ? » Bah, Gwyneth elle tiendrait parce que Gwyneth non seulement elle est trop belle, trop talentueuse, trop l'ex de Brad Pitt, trop l'ex de Chris Martin avec qui elle est en trop bons termes, elle est trop la maman de deux beaux enfants, elle est trop rock, elle est trop sage en même temps. Bref, Gwyneth elle, le jeûne, elle le gère grave. C'est CERTAIN.

Mais... je ne suis pas Gwyneth, mon ex n'est pas Brad, je ne suis pas oscarisée. Bref. Au bout de trois jours j'ai fini aux urgences.

Là le médecin m'a demandé pourquoi j'avais entamé un jeûne : quelle était ma cause ? Il a demandé si je jeûnais par solidarité avec le mouvement #metoo ou par solidarité avec les conditions de détention des prisonniers en Turquie, ou encore pour soutenir la famine en Érythrée.

« Non... je... je *follow* une fille sur Insta et elle a dit que c'était bien pour régénérer ses cellules. Et puis aussi je voulais pas décevoir Gwyneth. »

Le médecin (assez peu sosie de George Clooney dans *Urgences*) m'a lancé un regard effaré. Un regard qui voulait dire : « Mais pauvre conne, tu encombres le service réa pour ça ? »

J'avais super honte. Personne ne m'avait dit non plus que j'avais le droit de boire.

Sinon... j'aurais pris un mojito.

ÉCHELLE DE GWYNETH : NE SE PRONONCE PAS.

18 MARS

Passé cet épisode foireux de jeûne, pour me venger, j'entamais une période d'ère glacière.

Rien à voir avec la Préhistoire.

Tout à voir avec Ben & Jerry's, Haagen Dazs.

Ce que je préfère ? Les bouts de cookies crus dans les glaces Cookies & Cream.

Si je me sens coupable de manger sucré et gras ? Nope.

#iceCreamIsLife #UnPotPArJour #MIAM #sefaireduBien #fuckLesDiktats #LeauLairLaGlace #ViveLaGlaceLibre

19 MARS

Ma découverte la plus INCROYABLE de ces 40 dernières années ?

La glace bio !

Ça te donne bonne conscience, et ça, c'est pas mal. Ça efface le reste. Un peu comme quand un mec te quitte mais que derrière tu découvres qu'en fait il adorait dormir avec ses chaussettes. Ça te fait relativiser.

21 MARS

J'entame une semaine sans gluten. Adieu.

#leGlutenCeestTabou #OnEnViendraTousABout

PRÉVISIONS SUR L'ÉCHELLE DE GWYNETH : 20/20.

24 MARS

J'ai tenu trois jours. Décidément je suis une petite joueuse.

Dès le premier jour j'ai eu envie de pain. La boulangère me proposa donc du pain sans gluten. On peut dire ce qu'on veut, on peut faire croire ce qu'on veut, on peut mentir, ériger des comptes Insta anti-gluten, C'EST PAS PAREIL.

Mais bon, comme je suis un petit soldat courageux, j'ai croqué le pain sans gluten. À ce moment-là, un fantôme de Lignac... (Ou lui-même, mais comment serait-il arrivé dans ma cuisine s'il n'avait pas le code ? Hum. J'appelle Columbo.) Donc une voix, celle de Cyril, qui me dit « c'est gourmand, c'est croquant ».

Bah non Cyril. C'est pas gourmand du tout.

Passons.

La vraie question est ailleurs. C'est alors que j'ai tapé sur Google « y a-t-il du Gluten dans le Nutella ? » parce que je ne peux pas faire deux sacrifices en même temps.

Sur un site spécialement dédié au Gluten Free (quand tu dis gluten free, on dirait trop que tu parles danois : SKOL OFENSTRÜ), ils ont répondu « non le Nutella ne contient pas de gluten ni de traces de gluten ». OUF. Sauvée.

Donc j'ai mis du Nutella à l'huile de palme sur mon pain sans gluten. Ça a divisé le mal par deux.

Le soir j'ai cuit des pâtes à mes enfants. Je confesse ici que j'ai été OBLIGÉE d'en goûter avec eux. Bon OK, j'ai carrément fini la casserole.

Nul besoin de préciser que les pâtes contenaient du gluten.

Le lendemain soir, on fêtait l'anniversaire d'une copine et j'ai bu de la bière quand soudain mon mari a crié depuis l'autre côté de la pièce « noooooooooon ne fais pas ça », un peu comme dans un film américain avec Tom Cruise qui supplie le méchant de ne pas activer la bombe nucléaire qui doit anéantir le monde entier (enfin surtout les États-Unis, car dans les films américains la destruction du monde se passe souvent chez eux). Il a fait suivre son cri Tom Cruise d'un bond en avant façon Jackie Chan et m'a littéralement arraché mon verre de bière. Sans même le faire tomber. C'est une star, mon mec.

#LaVieSansGluten #NeVAutDêtreVécue

Bon, du coup, personne n'a rien compris à l'élan anti-bière. « Mais dans la bière y a quoi », il a demandé. « Bah de l'alcool. » Visiblement ce n'était pas la réponse attendue, car il a levé les yeux au ciel : « DU HOUBLON », il a dit.
OK du houblon et ?
« Et dans le HOUBLON y a du GLUTEN. »

Ah.
Savais pas.

« Mais comme je le savais pas, ça compte pas », j'ai dit avant de reprendre mon verre.

Le lendemain, je confesse aussi avoir mangé des céréales.
Et un croissant.
Et des lasagnes.
Et un (ou quatre) bout(s) de pain.

Bref, ce fut un échec.
TOTAL.

Je sens à cet instant précis que Gwyneth me juge depuis sa maison de Los Angeles.
#LaVieSansGlutenNeVAutDetreVecue

SUR L'ÉCHELLE DE GWYNETH, JE SUIS TRÈS BASSE, MAIS JE PRÉFÈRE QUE NOUS N'EN PARLIONS POINT.

26 MARS

Il y a un slogan publicitaire qui passe sans cesse et qui dit : « Pour bien grandir, ne mange pas trop gras, trop sucré, trop salé. »

Bah, comme j'ai fini ma croissance…

27 MARS

Il y a un autre slogan qui dit : « Pour votre santé, mangez au moins cinq fruits et légumes par jour. »

Personnellement dès que je l'entends, j'ai envie de manger cinq pains au chocolat. (J'ai voté et on ne dit pas chocolatine. JAMAIS.)

Mais bon comme il le faut, demain je m'y colle.
#lesFruitsCestLAVie #LesLegumesAussi #DeSaisonsEVIDEMMENT

29 MARS

Hier j'ai donc tenté de manger cinq fruits et légumes par jour. Dans la journée quoi.
Je tiens d'abord à dire que le message n'est pas clair.

Déjà je n'aime pas qu'on me donne des ordres et je trouve que l'utilisation de l'impératif est malvenue. On ne me dit pas quoi manger. Non mais oh !
De qui se moque-t-on ? MANGEZ CINQ FRUITS ET LÉGUMES PAR JOUR ! Sinon quoi ? Sinon on compte jusqu'à trois et je suis punie ? Je vais au coin ? On dirait presque la voix dans *Secret Story* : « Jessica, aujourd'hui MANGEZ cinq fruits et légumes par jour, sinon vous serez exclue de l'aventure. »

Ensuite pourquoi cinq et pas quatre ou huit ? Je demande. Qui a décidé que ce serait cinq ? Le club des cinq ?

Pour finir, est-ce que je DOIS manger cinq fruits ET cinq légumes ou cinq fruits et légumes ensemble ? Et puis la tomate est-elle un fruit ou un légume ? Je ne sais plus. Je suis *lost in légumation*.

Du coup, n'étant pas sûre, j'ai préféré ne prendre aucun risque.
J'ai laissé tomber. J'ai mangé une pomme. Vive les pommes.
D'ailleurs Gwyneth a appelé sa fille Apple. *Her family name is Martin*.
Pomme MARTIN, d'un coup c'est moins glam. Prends ça dans ta face Gwyneth. (Non, non ça va, je ne suis pas du tout en manque de gluten.)

SUR L'ÉCHELLE DE GWYNETH : 7/20 (J'AI TOUT DE MÊME MANGÉ SA FILLE HEIN).

31 MARS

Pour clore le mois de la malbouffe, hier j'ai tenté un truc dingue inspiré par @jemangebienetjesuisbelleetjesuisunestar.

J'ai passé la journée à ne manger que du vert pour « vider les couleurs néfastes de mon organisme ». Même si personnellement je suis plus bleu que vert, j'ai bien dû me résoudre à faire ce *green challenge* parce que les aliments bleus sont rares.

J'ai donc mangé du kiwi, une salade, un avocat, une courgette au basilic, des haricots verts, des brocolis, une pomme verte, du chou kale (le légume préféré des *it girls*), des choux de Bruxelles, du jus de céleri en me bouchant le nez, des blettes, un artichaut, du citron vert, du raisin vert, des asperges vertes, un concombre, trois poires, des groseilles à maquereau, du thym, de l'aneth.

Tout ça.

Eh bien, le soir j'ai tout vomi. Je ne dis pas merci @jemangebienetjesuisbelleetjesuisunestar.
#mangerVertMaisPasTrop #JeneSuisPAsUnArcEnCiel

Bilan mars

J'ai tenté un mix pour manger BIEN
après avoir tenté de manger BEAU.
Je ne crois pas qu'il faille ne manger que bio,
que sans gluten, que sans viande, sans poisson,
sans œufs pour être heureux.
Je crois que ceux qui disent ça et surtout ceux
(celles) qui se prennent en photo sur Insta avec des
#jemangeRienetjeVAisbien #tuescequetumanges
sont des menteurs et feraient bien de venir goûter
le couscous du vendredi soir de chez ma copine Babeth,
avec de la viande, du gluten, du gras.
L'essentiel c'est d'être heureux !
Je crois aussi qu'il ne faut pas se juger.
Si je mange de la viande, je ne suis pas forcément
pour la chasse et la souffrance animalière.
Si je mange une tomate en mars,
je ne suis pas forcément pour la chasse à la tomate
et la souffrance tomatière.
Sur ce, attaquons-nous à avril...

**SUR L'ÉCHELLE DE GWYNETH : 6/20
POUR AVOIR TENTÉ UNE JOURNÉE GLUTEN FREE
ET AVOIR MANGÉ UNE POMME.**

Avril

1ER AVRIL

Nous allons parler #sexe. Nous sommes le 1er avril et ceci n'est pas une blague.

2 AVRIL

En me promenant sur Insta, j'ai souvent rencontré des hashtags liés au sexe. Si le sexe est au cœur de nos vies à tous, si le sexe est important, il me semble être devenu, comme pour la bouffe ou la déco, un argument de poids pour dire combien on est cool. C'est un peu « je baise, donc je suis ».

Quand on n'était déjà pas au top en déco ou en bouffe et qu'on le vivait mal, alors, niveau sexe, on peut vite aller se cacher dans une grotte si on s'en tient à certains #.

Qui dit #sexe dit aussi photos sexy.
Et là, moi je suis chez moi face à mon armoire Ikea à moitié montée lorsque, surfant sur Insta, je tombe nez à nez avec une fille en train de se faire démonter, et je peux vous dire que pour elle pas besoin de mode d'emploi (oui, j'ai écrit cette phrase).
#fairelamour10foisparjour #unorgansmeparjouraumoins #lepointGEstFacileAtrouver #tuttoPipe #vetementsSexy

4 AVRIL

Est-ce que sur Insta je suis vraiment tombée sur ce message : « Faire l'amour fait perdre 360 calories. Doit-on multiplier le nombre de partenaires simultanés ? »
#faiteslamour #maigrissez

Donc non seulement il faudrait maigrir et avoir un corps de rêve, mais EN PLUS il faudrait avoir plusieurs partenaires sexuels EN MÊME TEMPS ?!

Non mais oh. Sinon quoi ? Sinon, t'as raté ta vie sexuelle avec ton gros cul et ton mec à qui tu es fidèle ?

#nonMAIS

15 AVRIL

Durant ces 10 derniers jours, je n'étais pas là parce que je testais des choses.

J'ai d'abord testé le #foodporn. Non, je ne reviens pas en arrière avec la *food*, mais quand j'ai vu que 300 millions de # étaient dédiés au #foodporn, je me suis dit : « Pourquoi le porno et la (f)bouffe ? »

Bah parce que c'est orgasmiqueuuuu. Tu comprends euhhhhh.

Manger et baiser c'est pareil, m'a dit une copine experte en bouffe et en sexe.

Je suis aussitôt allée dans ma cuisine parler à ma banane.

Mais non le #foodporn c'est bien PLUS subtil qu'une bananeuuu, a rajouté ma copine experte.

Ah bon ?

Le food porn c'est un bon plat, un plat qui a l'air sexy, un plat qui donne envie euhhhhh.

Et en effet je découvrais alors que derrière le #foodporn ne se cachaient pas que des bananes et des abricots mais aussi des plats en sauce (tu me diras que... non, rien), des gâteaux à la chantilly (tu me diras que... non, rien), des crêpes au Nutella, des pâtes...

Alors durant des jours je tentais de foodporner moi aussi.

Mais déjà que je savais pas cuisiner, alors si en plus fallait rendre ça sexy... déjà j'avais fait la guerre en janvier et février au dressage d'assiette... alors bon mettre du PORN là-dedans, merci mais NON MERCI.

Rebelle que j'étais, je décidai de poster un paquet de Pringles avec #miamleschips #pornfood #orgasmicChips.

Est-ce que j'ai passé 10 jours à faire des #pornfood sous des photos de chips dégueu et des bonbons pas bons ? OUI.

17 AVRIL

Comme le principe des réseaux sociaux est de montrer une part de nos vies qui est géniale pour montrer qu'on est des gens beaux, sportifs, bons cuisiniers, avec une déco sympa..., le sexe est devenu évidemment une donnée non négligeable.

Mais gaffe hein, on n'est pas non plus sur YouPorn. Non, sur Insta tu suggères que tu baises et que tu as un orgasme mais sans jamais le montrer... Sinon BANNISSEMENT.

Ainsi donc, tu peux mettre une photo de toi tenant à la main... TADAM... un vibromasseur. Mais toujours de façon très travaillée hein. Par exemple une photo d'une femme, avec un verre de vin dans une main, un livre dans une autre et au loin, enfin juste devant elle sur la table basse... un vibro : #sefaireplaisir #plaisirfeminin #mmmmm...

Ou encore une photo d'une nana jolie, sexy, qui lèche un vibromasseur, MAIS aucune inquiétude hein, son téton est flouté.

Oui, sur Insta tu peux lécher un vibro de façon très claire, mais en revanche tu ne peux pas montrer un tableau du XVe siècle avec une femme nue dont on verrait le téton, car comme chacun le sait, le téton c'est TABOU mais pas la bite (désolée).

Moi forcément, qu'est-ce que j'ai fait ? J'ai flouté tout. Tant qu'à faire, je floute moi, ma main, ma banane (oui, car ne possédant pas de vibromasseur...), et je mets : #saladedefruits #sexybanana #lavieEnFloute #AllezVousFaireFloute

ÉCHELLE DE GWYNETH : 10 POUR LA BANANE BIO.

20 AVRIL

Non seulement faut un vibro, mais faut avoir un air sexy.

Être belle, gaulée, ne suffit plus. Il faut sur les photos avoir le ventre (plat) à l'air, un regard qui veut dire « viens là », une bouche pulpeuse légèrement entrouverte et un bout de langue qui en sort. Il faut aussi être cambrée, avoir des seins fermes qu'on montre mais sous un tee-shirt transparent (gare et guerre aux tétons), des cheveux blonds et ondulés.

Un air sexy qui veut dire « prends-moi ». Ça, c'est la version soft.

Il y a la version plus sexe que sexy, avec carrément un doigt qu'on suce, un sein qui déborde (mais pour déborder, il faut déjà qu'il y ait ce qu'il faut), un jean HYPER moulant qui rentre là où il doit rentrer.

#sexylady #comebabe #IwantYou #ImYours #sexySex

La reine des photos fun, @CelesteBarber, a d'ailleurs tout pigé en prenant des photos de nanas sexy et en les imitant de façon drôle et décomplexée.

Ça donne des nanas en maillot pose sexy et corps de rêve et @celestebarber qui les imite avec un corps de femme plus commun et habituel, et c'est HILARANT.

Du coup, j'ai tenté aussi mais j'ai fait pire, j'ai montré mon téton. Enfin pas le mien hein, mais celui de mon chien avec son jouet en forme de banane.

#FreeTétons #SexyBabe #MyDogIsSexy

Bah quoi, mon chien a pas le droit d'être sexy lui AUSSI ?

ÉCHELLE DE GWYNETH : NE SE PRONONCE PAS, CAR GWYNETH ELLE EST TOUJOURS CHIC.

22 AVRIL

Après des recherches qui ont nécessité 10 ans de travail, je dois dire que non en fait, Gwyneth aussi, elle met en avant sa vie sexuelle. OMG. Si elle ne pose pas de façon sexy, vulgaire et langoureuse, elle a tout de même profité de son compte IG pour détourner une photo d'elle en robe chic avec entre ses mains :

RÉPONSE A : UN LIVRE.
RÉPONSE B : UNE CIGARETTE.
RÉPONSE C : UN VIBROMASSEUR EN FORME DE MICRO BLANC, DONT LE BOUT EST ROSE ET QUI EST VENDU SUR SON SITE GOOP ET DONT ELLE A DIT EN STORY S'ÊTRE SERVIE DURANT LE PREMIER CONFINEMENT POUR PASSER LE TEMPS. ET QUI COÛTE 78 EUROS.

Bien vu, c'est la réponse A.

NB : Gwyneth, elle avait déjà profité de sa notoriété pour vendre, en 2015, un appareil servant à nettoyer l'utérus à la vapeur et en 2016 une bougie à l'odeur de VAGIN. DE VAGIN.
#bougievaginale

Du coup, je me suis prise en photo avec une aubergine. Bah quoi ? On a dit BIO BIO BIO.

28 AVRIL

Non contente d'avoir mis les tétons de mon chien, ma banane, mon aubergine, je décidai de mettre des #kamasutra un peu partout.

Car pour être aimée sur Insta, non seulement faut être sexy, mais il faut aussi montrer aux gens que t'es une as du cul. Donner à voir.

Ainsi donc, des #kamasutra ou #sexeAllNightLong fleurissent ici et là. Surtout là.

Je décidai donc de mettre une photo de mes enfants avec #kamasutra.

NON. C'est FAUX ÉVIDEMMENT, haha.

Je mis une photo de ma chaise avec ce #.

Bah quoi, c'est ma chaise préférée hein.

30 AVRIL

Pour clore le mois de la sexitude, ce matin j'ai tenté de mettre une photo du gode de ma meilleure amie (elle est prêteuse) avec le hashtag #auberginesallaparmigianna.

Ma mère a ajouté en commentaire MDR. Je pense qu'elle a vraiment cru que c'était une aubergine en tofu.

Bah quoi ? Bah BIO !

Bilan avril

En avril, ne te découvre pas d'un fil.
Et pourtant... j'ai tenté hein (sans téton on a dit).
J'ai tenté de comprendre cette vague de #sexe qui,
à mon avis, si on mélange les lettres, veut dire xese
ou encore eexs (mais oui c'est évident).
Si la barrière n'est jamais franchie sur Insta ou FB,
on voit parfois des choses gênantes, une intimité
qui n'a rien à envier à la sextape de Kim K.
Baisez, faites l'amour, niquez, orgasmez bien,
mais c'est pas un concours hein.

Bref, je ne suis pas encore prête à montrer mes tétons,
mon vibro. Ceux qui en disent le moins...
#jebaisedoncjesuis #oupas

ÉCHELLE DE GWYNETH : 5/20.

Mai

1er MAI

Choisir le 1er mai pour parler culture n'est pas anodin. Car en dehors d'être un jour férié et d'offrir la possibilité d'un long week-end au Pyla ou à Megève pour les plus aisés, c'est surtout le jour de la fête du Travail.

Oui mais pourquoi ?

Contrairement à d'autres jours fériés en France, la journée du 1er Mai trouve ses origines outre-Atlantique et plus exactement aux États-Unis.

C'est le 1er mai 1884 que des syndicats ouvriers américains décident de se mobiliser afin de revendiquer la journée de huit heures. Pourquoi le 1er mai ? Outre-Atlantique, cette date correspondait au premier jour de l'année comptable des entreprises. Deux ans plus tard, le 1er mai 1886, alors que ces revendications salariales n'ont toujours pas été entendues, de grandes manifestations sont organisées. À cette occasion, plus de 300 000 travailleurs manifestent pacifiquement à travers tout le pays. Le 3 mai, à Chicago, plusieurs grévistes décèdent lors d'une manifestation. Le lendemain, toujours à Chicago, une bombe explose et des affrontements font plusieurs victimes parmi les forces de police.

Si les médias n'étaient pas aussi développés à l'époque qu'aujourd'hui, ces manifestations ne sont pas sans conséquence en France. Ainsi, en 1889 à Paris, le Congrès de la IIe Internationale socialiste décide, sous l'impulsion de Jules Guesde, de faire du 1er mai une journée de manifestations. La première est célébrée le 1er mai 1890. En 1941, alors que la France est sous le régime de Vichy, le maréchal Pétain déclare que le 1er Mai sera la « fête du Travail et de la Concorde sociale » (en référence à la devise du régime de Vichy « Travail, Famille, Patrie »). Avec la Libération, cette journée disparaît jusqu'au 26 avril 1946 où le gouvernement décide finalement de la réintroduire. En 1948, le 1er Mai est définitivement institué comme un jour férié, chômé et payé pour les salariés. (source Wikipédia)

Ça vous en bouche un coin hein toute cette culture que j'expose dans ces pages. Ouais mon gars, je savais tout ça. Shé.
#vivelaculture #jesaistout #lhistoireestmapassion #comprendreestmonmoteur #jesuisplusintelligentequetoi #etpluscultivéeaussi

2 MAI

Bon OK, je dois avouer un truc. Je ne savais pas tout ce que j'ai écrit hier. Je savais la fête du Travail tout ça, mais les origines de ce jour férié, je dois avouer que non, je ne les connaissais pas.

J'ai voulu faire comme sur les réseaux sociaux où, non contente d'être une star de la déco, de la bouffe, du sexe, il faudrait en plus être intelligente et cultivée. Je sais bien que certaines personnes arrivent à être tout ça à la fois et elles font même du sport, sont des mères parfaites, ont un job d'enfer, pas de rides, un couple qui est génial, MAIS bon...

La culture c'est comme le Nutella, moins on en a, plus on l'étale.

OK, je vais essayer durant quelques jours de lire, aller au théâtre, parler politique, lire *Le Monde* tous les jours, écouter des podcasts de philo, être drôle et fine, connaître tout du 7e art, savoir différencier Mozart de Chopin ou de Brahms, devenir championne du Trivial Pursuit et même jouer (et gagner) à « Questions pour un champion ». Je vais essayer, promis.

ÉCHELLE DE GWYNETH : 19/20 (POUR LA PROMESSE).

8 MAI

Ah bah tiens, encore un jour férié.

Décidément.

Même pas besoin de regarder. JE SAIS ce que c'est le 8 mai. C'est la naissance d'Enrique Iglesias.

Pour qui me prend-on ?
#reflechircestgenial

9 MAI

Que les choses soient claires. Je suis allée au théâtre hier soir. On a vu *La Mouette* de Tchekhov. J'aime bien le théâtre, mais là... je me suis endormie.

Bah oui.

J'avais fait une story sur Insta. C'était moi devant le théâtre, moi dans le théâtre, le rideau rouge, et puis l'endormissement. Le flou.

Faut dire que c'était en russe.

#letheaaaaatre #sitaimespasletheatretasratetaVie #lartsupreme #jeanBaptistePoquelin

11 MAI

Après mon échec théâtral, je décidai de ne pas me laisser faire par un Russe qui parle d'une mouette. Et pourquoi pas un Américain qui parlerait d'une chatte sur un toit brûlant tant qu'on y est ?!

Une amie comédienne me conseilla de ne pas aller voir des classiques mais de tenter une pièce contemporaine.

C'est ainsi qu'hier soir je suis allée voir une pièce moderne au théâtre de la Ville. Décor dépouillé comme ils disent, texte dépouillé comme ils disent, acteurs dépouillés de talent. Je me suis fait super chier. Le pire fut quand un homme nu et poilu arriva sur scène, s'assit et fit dans un pot. Je pensai que c'était pas prévu, sorte de manifestation chelou. Je l'ai même pris en photo pour le mettre en story (afin de montrer que j'étais au théâtre d'une part, mais que je venais de vivre un moment fou d'autre part). Lorsque à la fin de la pièce je fus réveillée (oui, je dormais) par les rappels, je vis cet homme toujours nu et je compris que le type faisait partie de la pièce.

J'ai pensé que c'était bizarre. Mon mari m'a dit : « Tu ne comprends rien, c'est du théâtre contemporain. »

ContempoRIEN ouais.

13 MAI

Sur Insta j'ai vu que toutes les influenceuses étaient allées voir une expo au palais de Tokyo. Elles s'affichaient devant des œuvres dont on ne voyait rien puisque les influenceuses se mettaient devant avec des #TheExpoToSee #IncroyableExpo #LartEstFou.

Alors j'y suis allée. J'aime bien les musées, j'ai souvent été arpenter les allées du Jardin d'acclimatation d'ailleurs (je déconne hein).

Donc je suis allée armée d'un de mes enfants voir cette expo dont tout le monde parle, en prévenant mon enfant que nous allions nous cultiver.

L'expo consistait finalement en des pièces vides. Rien. Pas d'œuvres. Même pas un sac-poubelle.

Je suis donc allée demander à une guide ce qui se passait.

Elle m'expliqua que l'artiste avait voulu représenter le vide de nos vies. Ah.

Et aussi montrer du doigt l'absurdité de cet art qui sert à se faire bien voir. Ah.

On est d'accord, c'est complètement con non ? Je dus expliquer à l'enfant que c'était de l'art modeeeeerneu. Genre hyper-moderneeeeeu.

Du coup, c'était normal que je ne voie rien des œuvres des influenceuses qui se prenaient en photo… puisqu'il n'y avait rien.
#ModernArtChelou #jessayeHein #lartDuNeant

14 MAi

Suite à mon expo d'hier, j'ai demandé à l'enfant qui porte encore des couches de dessiner un truc. Je me suis photographiée devant.
#ArtIsEverywhere #ModernArt #ExpoPrivée

16 MAi

J'aime lire mais je ressens une vague pression quand je vois des influenceuses littéraires qui sont jolies, ont un métier en or et passent leur temps à lire quatre livres par semaine pour nous en parler sur Insta. C'est très inspirant bien sûr, mais c'est terriblement culpabilisateur pour ceux qui n'ont pas vraiment lu depuis l'épreuve de français du bac. Ces mêmes instagrammeuses (souvent des femmes, les hommes moins) postent des photos des livres qu'elles ont dévorés, avec une

#ModernArtChelou #jessayeHein #lartDuNéant

mise en scène qui n'est pas sans rappeler la déco dont j'ai déjà parlé. Le livre, cet objet du désir (c'est quasi sexuel en fait), est pris en photo entouré d'autres livres ou devant une bibliothèque, ou encore entre les seins de la jeune femme. Ces photos disent qu'on lit, qu'on est donc cultivés, donc intelligents, et que nous on regarde pas la télé hein.
#jaimelire #lireIsLife #vivelesLivres #jeLisDoncJeSuis #4LivresparSemaine #livresChallenge

18 MAI

Je vais donc tenter de lire quatre livres mais en deux jours. Ouais. Je suis ce genre de femme qui aime les challenges.

20 MAI

J'ai réussi. MOI AUSSI j'ai lu quatre livres en deux jours. Et même six :

T'CHOUPI EST CREVÉ.
T'CHOUPI AIME SES CROTTES DE NEZ.
T'CHOUPI FAIT PIPI AU LIT.
T'CHOUPI EST UN IDIOT.
T'CHOUPI SE DEMANDE S'IL EST UN PINGOUIN OU UN OURS.
T'CHOUPI SE MET SUR INSTA.

#lireRendIntelligent #lireIsMyLife #ReadIsGenial

22 MAI

En plein Festival de Cannes, je me DEVAIS de me mater des films d'auteurs. Jamais trop compris ce que films d'auteurs veut dire. Je veux dire ce côté prétentieux qui dit que Téchiné c'est mieux que Kad et Olivier. Ils sont auteurs aussi, non ? Et puis se gausser d'avoir vu ces films sur Insta avec des hashtags bizarres : #kenloachIsTheNewJesus

Du coup, j'ai maté *Les Tuches* I, II et III. Eh bah j'ai adoré.
#le7emeart #tchitcha #CannesLaCroisette #HenriChapier #lesFilmsDauteursqueJaime

25 MAI

J'aime Mozart. J'aime aussi Claude François. J'aime Barbara et j'aime aussi Doc Gynéco.

Le snobisme de certains comptes qui te font presque culpabiliser d'aimer du rap, de la house ou de la techno est affreusement effrayant.

Même la musique est devenue un prétexte pour montrer qu'on est plus intelligent, plus érudit. Ainsi, sur des comptes d'influenceurs – dans les stories souvent – on entend des musiques classiques, des opéras qui te renvoient à la vacuité de tes connaissances musicales. Moment de solitude.

Ou pire des photos en dessous desquelles il est écrit : #fairelamourEnEcoutantStravinsky ou #sefairebelleAvecVerdi.

Gnagnagna.

27 MAI

Je ne mets plus que des stories avec en fond musical René la Taupe. Quoi que je mette depuis deux jours, je mets René la Taupe. Bah quoi, une taupe qui chante, ÇA C'EST EXTRAORDINAIRE.

30 MAI

C'est l'anniv' de la mort de Voltaire.

Le philosophe. Du coup, les comptes des philosophes 2.0 fleurissent de #voltaireNousManque #IlAvaitToutCompris #philosopherIsLife #jadoreLapHilo.

Encore une fois, ça renvoie les autres à la vacuité de leur vie.

Moi tout ce que je connais de la philo, c'est cette série AB Productions « La Philo selon Philippe », et pour moi Voltaire c'était le lapin de ma copine Inès en CM2, qui est mort d'avoir bouffé trop de carottes pas bio (sa mère avait dit ça, mais avec le recul j'ai un doute).

31 MAI

Mai touche à sa fin. Je ne suis pas devenue un bouillon de culture à moi seule. Flûte (enchantée) !

Comme le disait le célèbre penseur Johnny : « On laisse pas Bébé dans un coin. »

#aChacunSaCulture

Bilan mai

J'ai essayé, je vous jure que j'ai essayé.
Mais la culture c'est tout à la fois.
Ce n'est pas juste de lire, d'aller au musée,
de kiffer Tchekhov et de lire Voltaire.
C'est un ensemble de choses qui ne se partagent
pas toujours sur Insta.

Bref, je ne suis pas Bernard Pivot, je ne suis pas
Stéphane Bern (enfin je crois). Je suis moi avec
MA culture et pas besoin de le montrer pour l'être.
#jaimeRenéLaTaupe #desfritesdesfritesdesfrites

ÉCHELLE DE GWYNETH : 0/20 (EH OUAIS).

Juin

1er juin

Si ça s'trouve, je suis passée à côté de la déco, de la bouffe, du sexe, de la culture, car ma voie c'était le sport. Et si...

(écrit-elle en mangeant une 12e cuillère de Nutella)

3 juin

Que les choses soient claires. Je tiens à être honnête.

Je ne suis pas sportive.

J'ai essayé, mais même au bac j'ai eu 7/20.

J'ai essayé des tas de trucs mais rien n'y fait, je ne m'amuse pas, je m'ennuie, je me sens mal.

Mais là n'est pas le sujet.

Le sujet c'est que, avant Insta, je vivais pas trop mal le truc.

Seuls mes amis et ma famille savaient que je n'étais pas du genre sportive. Je ne m'en cachais pas d'ailleurs, et quand ils allaient faire un triathlon sous 40 degrés, je les attendais sagement.

Mais depuis quelques années, je vis mal ma situation.

Comprenez que le sport est devenu presque le sujet #1 sur les réseaux sociaux, surtout sur Insta.

Si ça m'ennuie : PAS DU TOUT (dit-elle enragée et dans la honte la plus profonde).

#sportIsLife #sportMotivation #sportive #sportaddict #sportgirl #gnagnagna

6 juin

Ce matin je suis allée faire un jogging à jeun. Puis en revenant, après avoir avalé mon jus de céleri, j'ai enchaîné avec des squats, des abdos et enfin une séance de yoga.

Cette phrase est-elle de moi ?

☐ OUI
☐ NON
☐ NE SE PRONONCE PAS

(Indice : la réponse commence par N et finit par N.)

8 JUIN

Comme c'est mon anniv' aujourd'hui... (Je suis du 8 juin et c'est la meilleure date du monde. Jésus lui-même a hésité avec cette date.) Donc comme c'est MON anniv', j'ai pris une super résolution, je vais m'inscrire à des comptes de sportives sur Insta avec des cours et tout et tout, et je vais tenter de les suivre.

9 JUIN

Quand je dis que je vais les suivre, je voulais dire... sur Insta hein, je ne vais pas courir derrière elles ou tenter de faire comme elles sous prétexte qu'un corps sain dans un esprit sain blablabla.

Mon esprit n'est pas sain, c'est pour ça que mon corps ne suit pas.

Bah oui. Logique.

11 JUIN

Regarder la finale de Roland Garros, ça s'apparente à du sport, non ?
#sportivedesalon

14 JUIN

Ce matin j'ai fait une séance de yoga. À 6 h 03. C'est comme ça que font les gens, non ?

Je me suis donc inscrite à un live. J'avais le legging, la brassière, le tapis. Manquait clairement la motivation MAIS je n'ai rien lâché.

C'est donc face à mon iPhone posé contre un pot de Nutella en guise

#yogaMonCul #figuredelaTableBasse #leYogaEstUnEtatDespritMaisPasLeMien

de cale-téléphone que j'ai suivi ce cours. Je voyais bien que la prof était douée et moi pas MAIS je n'ai rien lâché. Soudain (mais qu'est-ce qui lui a pris), elle a posé sa tête sur le tapis, a posé ses avant-bras sur le tapis et a poussé sur ses jambes pour finir dans une posture en Y (tu vois, jambes en l'air, dos droit).

Je ne sais pas pourquoi, je me suis sentie capable de faire la même chose, c'était absurde de le penser.

Bref. J'ai fini avec mes jambes emmêlées dans mon cou, mes pieds au niveau de mes oreilles. Indémêlable.

Heureusement il était 7 h 30, heure à laquelle mon mari s'est levé. Au départ il ne m'a même pas vue. Il a dû croire que j'étais une table basse.

Quand, dans un effort surhumain, j'ai réussi à émettre un petit son digne d'une souris, il a réalisé que je n'étais pas une table basse. Il est intervenu pour démêler mes pieds de mon cou, mes fesses de mes mains, mes cheveux de mes bras. Entre-temps, avant le démêlage, il a pris une photo.

Est-ce que cette photo lui sert de menace si, un jour, je le fais chier ? OUI.

Une fois debout, je décidai de renoncer au yoga.

#yogaMonCul #figuredeLaTableBasse
#leYogaEstUnEtatDespritMaisPasLeMien

ÉCHELLE DE GWYNETH : 0/20 (LOOSE).

19 JUIN

Une fois remise de mes émotions yogi, je décidai de charger une appli qui, une fois connectée à moi-même, allait me dire combien de kilomètres j'allais courir, et surtout partager ça sur Insta (oui, car tout est connecté) pour faire comme tout le monde et montrer aux autres combien je suis trop sportive de la mort.

(Les gens font ça, non ? montrer leurs exploits sportifs ?)

Je pris donc une paire de baskets que j'enfilai, je pris une photo de mes pieds. Je mis ladite photo en story en prévenant que j'allais courir et que non, mon compte n'avait pas été piraté par le FLNC (Fonds de Libération des Nuls qui Courent).

Et 30 minutes après, mon score s'affichait devant les yeux de tous sur Insta. J'avais couru 9 minutes sur 700 mètres.

Je ne reçus que des messages du genre MDR.

Ce 19 juin fut la fin de ma liaison avec la course à pied.

#coursForrest #CourirApresQuoi #MarathonMan

22 JUIN

Hier je suis tombée sur un compte Insta qui te propose de faire du sport en te servant de tes enfants.

Ça tombe bien, je possède des enfants à la maison.

Il me fallait un enfant petit et léger du genre bébé. Comme je n'avais plus ce format chez moi (ils grandissent, les ingrats), je décidai d'emprunter le nouveau-né de ma voisine. Elle était tellement fatiguée qu'elle ne refusa pas.

Ainsi donc, allongée par terre, les jambes repliées sur mon ventre, je devais poser le nourrisson sur mes tibias et soulever tout ça ; 30 fois.

Sérieusement, qui a inventé cet exercice à la con ?

De justesse, j'évitai le drame et je sauvai ainsi la vie du jeune Auguste, 3 semaines.

Mais Auguste et moi, on ne renonça pas.

Le deuxième exercice consistait à se mettre debout et à soulever le bébé comme un haltère. Auguste étant né à 9 mois et demi de grossesse, il pesait 5 kilos déjà. Du coup, comme d'un commun accord avec Auguste, je décidai plutôt de ne pas faire cet exercice.

Je rendis l'enfant à sa mère.

Un bébé c'est compliqué. Le sport c'est compliqué. Donc les deux c'est IMPOSSIBLE.

#sportwithbaby #sportwithkids #sportSaMere

23 JUIN

En surfant (sur Insta hein, tu m'as vue prendre la vague ? NON), je tombais sur une nana qui faisait du sport avec son chien. Elle était à vélo et son chien tirait le vélo. J'en parlai aussitôt à mon chien, qui refusa. Un NON catégorique sortit de sa gueule. Puis il ajouta : « C'est pas MON problème si tu n'es pas sportive, je ne vais pas faire le job à ta place. »

Ce fut sans appel.

#AbandonnéeParSonChien #SportCanin

24 JUIN

Non parce que le sport, ce n'est pas juste l'exploit sportif hein. C'est aussi pour dire « je veux ou j'ai un corps de rêve ». Ainsi donc, sur Insta, certains photographient leurs muscles, leurs gouttes de sueur, leurs joues rougies par l'effort, leurs fesses rebondies, leur ventre plat, leurs jambes galbées. Tout ça sous le hashtag #NoPainNoGain (si je souffre, j'aurai du résultat).

On voit souvent des femmes avec le « avant/après ». Avant, le ventre et moi, les fesses larges, les hanches larges aussi. Après, grâce au sport, tout va bien et le corps est celui de Gisele Bündchen.

Du coup, moi, quand je regarde ça, je culpabilise. À mort.

Ça dure jamais plus de 30 secondes. Je suis forte.

Je sais bien que cela peut servir d'exemple et de motivation pour ceux qui le font MAIS cela me renvoie l'image que si je ne suis pas sportive et que je grossis, bah c'est de ma faute.

Et ça, c'est sans parler des #epreuvedumaillot qui, en juin, poussent comme des arbres à nouilles.

(Et puis parfois avant c'est mieux qu'après.)

26 JUIN

Donc l'épreuve du maillot... Déjà que les magazines féminins nous rabâchent ça dès le mois de mai, mais alors sur Insta c'est pire.

Au début j'ai pensé, mois de juin oblige, que l'épreuve du maillot c'était une épreuve du bac comme l'épreuve de maths ou de LV2.

Mais mon intelligence suprême a vite réalisé qu'une épreuve maillot c'était tout de même un peu… chelou.

Donc l'épreuve du maillot ça consiste à te faire sentir avant l'été que tu vas devoir te foutre en maillot (même en deux-pièces, si t'es Laetitia Casta avant ses quatre grossesses) et que ça va être une sacrée tannée parce que bon on voit encore TRÈS BIEN que tu as abusé de la raclette en janvier (et en février aussi, et en mars aussi). Et que donc avec ton gros cul et ton ventre mou, tu vas te faire railler, tu vas te sentir mal et que ta vie va échouer là sur une plage bretonne en août.

Donc grâce au compte @DeuxmoisAvantLepreuveDuMAillot, tu vas avoir un corps de rêve en deux mois. Tu vas perdre tous tes kilos et raffermir tout ça. OK ma grosse ?

M'en fiche, je pars au ski cet été.
#stopAlaPression

28 JUIN

Moi je compte contre-attaquer avec un compte @PasPeurDuMAillotAvantLeteCrotteDeBique.

29 JUIN

« Le bonheur c'est d'avoir des tablettes de chocolat sur le ventre », prétend cette fille super bien foutue sur son compte @musclezvosbidonsmousbandedegnous.

Je dirais plutôt « le bonheur c'est d'avoir des tablettes de chocolat DANS le ventre ».

ÉCHELLE DE GWYNETH : 9/20 (CAR THE CHOCOLATE IS BIO).

30 JUIN

Juin se termine, le ciel est bleu, le soleil brille.

Et moi je confirme que #NoPAinNoGain pour moi c'est #NosPeinesNosGaines.

Bilan juin

Je ne me sens ni prête ni obligée
de pimper mon corps telle une assiette.
Je veux bien faire du sport mais je dis stop à la pression,
aux diktats. Stop à l'épreuve du maillot.
Bravo à ceux et celles qui ont de jolis abdos
à montrer sur Insta, à ceux qui suent dans une salle
de sport, à ceux qui font trois heures de ski de fond
pour le plaisir, à ceux qui courent, qui sautent,
qui escaladent, qui tapent dans la balle.

Je ne dis pas, faut jamais dire jamais, que je ne tenterai
pas à nouveau de porter le bébé de ma voisine ou de
courir. J'ai d'ailleurs acheté un nouveau-né sur Amazon.

Si j'ai déjà rêvé avoir des muscles sans efforts ?
OUI. ÉVIDEMMENT !
Bah oui, je suis comme tout le monde.
PARADOXALE.

ÉCHELLE DE GWYNETH : 0/20.

Juillet

1er JUILLET

J'ai donc un chien qui refuse de faire du sport, mais ce qu'il faut retenir, c'est que j'ai un chien.

Je l'aime, il est beau, intelligent, câlin, agréable (même phrase pour les enfants).

Avoir un chien, un chat, un canari, une tortue, un lapin est devenu montrable sur les réseaux sociaux.

S'afficher avec son animal sur Insta est devenu cool.

Ça veut dire de soi qu'on aime les animaux, qu'on est généreux, qu'on a une vie trop cool, qu'on sait s'en occuper et surtout que notre animal est le plus (beau, intelligent, fun…).

#monchienMaVie #miaou #coincoin #brrrrrr (ce dernier # est une pure invention et n'a aucun lien avec le fait que je ne sache pas reproduire le bruit du lapin)

3 JUILLET

Les chiens/chats/animaux des gens (je parle des animaux vivants hein, les animaux qu'on mange, j'en ai déjà parlé 🙂) sont toujours géniaux sur Insta. Ils savent chanter, siffler, apporter le journal, faire un café, rester en place, chauffer le canapé en temps de grand froid.

Et ça se sait.

Il FAUT montrer son animal. Mieux, il FAUT lui créer son propre compte Insta.

Ainsi donc, beaucoup de chiens et de chats ont leur propre compte. J'étais assez épatée de voir que les chiens des autres savaient écrire, faire des photos, utiliser Insta. Non parce que avec des pattes… tout de même… taper sur un écran…

Lorsque je réalisai que les chats étaient encore plus présents sur IG, je me dis qu'il y avait un loup (l'expression hein, pas l'animal, car l'animal est nettement moins présent sur IG, curieusement).

Ainsi, les chats sont les animaux domestiques les plus instagrammables.

Le chat qui dort, le chat qui mange, le chat qui sourit, le chat qui a des bébés, les chatons gnagnagna #teamChiens.

Je décidai de parler de cela à mon chien, qui ne daigna pas donner une réponse claire quand enfin je lui demandai :

« Ne veux-tu pas, Newton, toi AUSSI te lancer dans la grande aventure virtuelle de la vie ?

— Wouf.

— OK, bah vas-y, je te prête mon téléphone. »

Il n'en fit rien.

#chien2.0 #MydogIsBetterThanYours

8 JUILLET

C'est seulement après quelques jours que je compris que ce ne sont pas les animaux eux-mêmes mais bien leurs maîtres qui créent leurs comptes Insta.

Quelle gourde étais-je !

#lafermedesanimaux

16 JUILLET

Après une semaine de réunions de famille, nous décidâmes (nous parlons au passé simple, c'est si chic) de créer un compte Insta à Newton, le berger australien le plus chic du coin.

Il se lécha les babines en signe d'acquiescement.

#monchienlaStar #monChienestSurInsta
#jaiUnchienDoncjeSuiscool

17 JUILLET

Il fallut promettre à Insta que mon chien était majeur (mensonge 1), qu'il agissait en pleine possession de ses actes (mensonge 2), qu'il ne publierait pas de contenu pouvant déranger blablabla (mensonge 3, j'avais bien l'intention de le photographier nu).

Une fois ces étapes passées, quel drame : il existait déjà non pas 1 mais plus de 10 000 bergers australiens qui se prénommaient Newton.

Qu'à cela ne tienne, tout le monde ayant un pseudo sur IG, Newton se transforma en The Rock.

#unabonné #chiensublime

20 JUILLET

Pendant que mon chien se construisait une carrière, je vis apparaître, sur le compte Insta d'une influenceuse que je suis, des photos d'elle en maillot avec son chien, à la plage avec son chien, au resto avec son chien. Avec des #puppyMaVie #jamaisSansPuppy #vivePuppy #PuppyLaStar #PuppyMonBébé.

Et plein de likes, plein de commentaires a-do-rables.

La photo de trop fut Puppy déguisé en Wonderwoman avalant des Mon Chéri pour un partenariat avec la marque de chocolats dégueu. En plein mois de juillet, alors que les Mon Chéri c'est en décembre quoi !

Puppy semblait ne se rendre compte de rien. Et l'influenceuse montait en puissance sur Insta grâce à cette petite bête et ses partenariats foireux.

Si je le signalais ? Bah oui.

22 JUILLET

Mon chien a percé sur Insta. Mon chien a en trois jours plus de followers que toute la ville de Montluçon réunie.

La raison de ce succès : une photo de lui à Saint-Tropez datée du 19 juillet. Il est sur la plage, un mojito à la patte, lunettes noires sur les yeux, cigare entre les crocs. Il ressemble à Tony Montana.

C'est mon mari qui a eu l'idée de cette photo.

#jesuisjalouse #rendezmoimaviedavant #chienstar

Résultat, le chien se la pète (et pète), il veut prendre un agent, il m'ignore et réclame des croquettes bio et sans gluten.

J'ai créé un monstre.

#jesuisjalouse #rendezmoimaviedavant #chienstar

27 JUILLET

Nous avons consulté LE psy des chiens, sorte de Dolto pour chiens. Il est catégorique : nous avons, comme tout le monde sur IG, fait un transfert. Je voulais devenir une star, sans oser me l'avouer ; n'ayant aucun talent, on en a déjà parlé en janvier, février, mars, avril, mai, juin, je me suis rabattue sur mon chien. Classique.

Il m'a conseillé de suspendre le compte de Newton/The Rock.

#transfert2.0 #jesuisunchien

29 JUILLET

Le chien refuse. Il a mangé le canapé quand il a compris que je ne le prenais plus en photo. Me voilà otage virtuel de mon chien.

#ausecours #liberezMoi

31 JUILLET

Le psychienAlyste a convoqué l'animal. Je ne sais pas ce qu'il lui a dit, mais en sortant de son cabinet, Newton, d'un hochement de tête, a dit OK, suspendez mon compte.

Puis le psy m'a conseillé de prendre des vacances.

#fatigue2.0 #burnOutInsta

Bilan juillet

Je ne comprends toujours pas comment le #cat
rassemble plus de 250 millions de #,
l'un des # les plus énormes.
Avoir un animal, dire qu'on en a un, signifie être
une personne « cool ». C'est aussi simple que cela.
Après le succès de mon chien au double nom
(sorte de Romain Gary/Émile Ajar canin)
et la déprime que cela m'a causée,
je vais faire comme le psy a dit.
Car je ne jure que par mon #psy #psyIsMyGuide.
Août en vacances.
Repos forcé.
RDV en septembre !

ÉCHELLE DE GWYNETH : JE NE SAIS,
JE NE SAIS PLUS, JE SUIS PERDUE.

Août

16 AOÛT

J'avais dit vacances. Promis, durant 15 jours je n'ai pas (enfin à peine quoi, ça compte pas) regardé Insta. J'ai fait un truc hyper à la mode en somme : une détox 2.0. Après les détox food, les détox clope, les détox fringues... c'est tendance à mort.

Toutes les influenceuses font ça pour se ressourcer blablabla. Même Gwyneth, je crois bien.

#halteauxreseaux #lessentielestailleurs
#lavraievieestpassurInsta

Certes une fois ou deux (ou 12 par semaine) je suis allée voir ce qui se passait, histoire de ne pas perdre le fil quoi.

Mais voilà. Hier j'ai replongé lorsque, apercevant mon fil rempli de doigts de pieds, je me suis dit : « Mais quoi, on n'avait pas assez de leurs régimes, de leurs plans de table, de leur culture que même en vacances on doit se taper leurs orteils à la plage ? »

17 AOÛT

Si j'ai l'intention de photographier mes pieds aux ongles mal faits sur Insta comme acte de rébellion ? OUI.

#knackiOrteils #mespiedsenvacances #lâcheznouslespieds

31 AOÛT

Si j'ai réussi à faire autre chose de mon mois de trêve que des photos de mes pieds ? NON. Chaque jour, mes pieds ont inondé Insta.

Si j'ai pas un souci dans ma tête ? PROBABLEMENT mais rien ne m'énerve plus que de voir les pieds des gens en vacances. Pieds à la plage, pieds à la montagne, pieds dans un bateau, pieds sur ton balcon... août est vraiment excitant. #CapuedesPieds

Bilan août

J'ai presque réussi à me sevrer, à prendre le large
et puis... Insta m'a rattrapée par les pieds.
Si je râle après des comptes que je regarde ? OUI.
Si je ne suis pas en plein délire sadomaso ?
CERTAINEMENT comme environ tout le monde.

Ce que j'ai appris durant ce mois ?
Que les pieds ont une belle carrière devant eux,
que les gens partent tous avec leurs pieds en vacances,
que le fétichisme n'est pas loin et que ce n'est pas si
facile de faire une détox.

ÉCHELLE DE GWYNETH : 20/20
(DE TEMPS EN TEMPS
FAUT SE FAIRE DU BIEN, NON ?)

Septembre

1er SEPTEMBRE

Voilà mon mois de vacances terminé, je vais pouvoir attaquer la vraie vie.

Et en termes de vraie vie, septembre est assez violent puisque, outre les résolutions (deux résolutions dans l'année, celle de janvier que tu prends ivre le 31 décembre à minuit et celle de septembre que tu prends ivre le 31 août après le dernier apéro de l'été) qu'on ne tiendra pas, il y a… la rentrée scolaire.

Oui, quand on a comme moi des enfants, septembre c'est ce qui te ferait presque regretter d'en avoir.

L'école, la rentrée, les fournitures, les activités périscolaires, l'emploi du temps, les livres à couvrir…

Et puis… au milieu de tout ça… les parents qui photographient leurs enfants, sac à dos sur le dos, sur le chemin de l'école avec des hashtags #timesflies #dejàgrand #monbébéen6eme.

Ce sont les mêmes qui ensuite feront des photos des livrets de leurs enfants brillants : #bonélève #genie #20enCP. Bah oui quoi 20 au CP, ça va… pas de quoi fêter ça.

Ce sont les mêmes qui photographient les exploits de leurs enfants #championdetennis #championdeski.

Si ça m'énerve ? Oui. À deux égards. D'abord parce que le gamin n'a rien demandé et qu'il se fout d'être un faire-valoir sur Insta et ensuite parce que, soyons clairs, ce sont MES enfants les plus géniaux. Non mais oh.

8 SEPTEMBRE

Les parents sur Insta, c'est un peu à l'image des parents à la sortie de l'école. J'ai observé ça ce matin devant l'école.

Il y a ceux qui arrivent en pyjama et Uggs avec la marque de l'oreiller

#familledebarges

sur la tronche et des enfants portant des chaussettes dépareillées (moi, moi, moi). Il y a ceux qui font un effort vestimentaire mais sur leurs gosses, pas sur eux.

Il y a ceux qui sont sapés et maquillés et dont les enfants sont des figures de mode au point que même leur cartable est dingue de style.

Bah sur Insta, c'est pareil. Il y a les parents qui postent une fois par an aux anniv' de leurs enfants #Chouchougrandit, ceux qui postent des photos fun et décalées #familledebarges, et ceux qui posent sans cesse #enfantparfait #montessori.

Et tout ça, oui tout ça commence avant même que l'enfant soit sorti du ventre.

#adieu

9 SEPTEMBRE

Quand j'ai été enceinte, bah j'ai vomi. Mais ça, on ne le dit pas, on ne le montre pas. Imaginons que je poste une photo de moi enceinte avec un peu de vomi à la commissure des lèvres, les cernes jusqu'aux pieds, des vergetures affreuses, une gueule de morte-vivante.

#naze #pregnancySaMere #lanausée

Non, ça ne se fait pas. Il faut, comme nos amies les stars, poser enceinte, toute mince, les joues roses, les cheveux superbes, les seins comme des obus et l'air serein.

#laplusbelleaventure #donnerlavie #jeMeSensBelle

Ensuite il faut aussi, selon les codes Insta, organiser, telle la Kim Kardashian du 93, une Baby Shower, c'est-à-dire une fête avec nos meilleures amies, des ballons partout, de la bouffe trop acidulée, des cadeaux et des rires comme dans *Les Feux de l'amour*.

#babyShowerIsGenial #momentdeFilles
#babyToBe #lebonheur #onsamuse #spoiled
#mesamiessontmerveilleuses

Personnellement, enceinte, je mettais des joggings, je dormais dès que je le pouvais et je ne courais pas les Baby Showers dont j'ignorais l'existence.

#DodoParty #sortezLedeLà

11 SEPTEMBRE

Hier l'enfant numéro 3 est revenu de l'école : « Vous êtes les seuls parents à ne pas avoir recouvert les livres. *La* maman de Biiiiiip elle m'a dit à la sortie de l'école que si tu voulais voir un tuto pour savoir comment couvrir, elle avait fait une vidéo sur Amstramgam. Son compte c'est @mereparfaiteetquilesait. »

Vexée, j'allais voir. Ce compte était... parfait. Des tutos pour tout : couvrir un livre, faire faire les devoirs, apprendre l'anglais avant 4 ans, coiffer sa fille...

#IlsPassentAvantMoi #mesEnfantsMavie #fairedesefforts #ilsSontLavenir

Les hashtags de cette mère ressemblaient plus à une campagne électorale qu'à un compte rempli d'amour.

Il ne m'en fallut pas plus : je décidai de poster une photo de mon enfant dormant dans le panier du chien, du rouleau de plastique et de la pile de livres, du Scotch dont on ne retrouve jamais le bout et de la chambre en bordel de mes enfants.

#lavraievie #marredecouvrir #marredecourir #lamereparfaiteEstUneGrosseConnasse

ÉCHELLE DE GWYNETH : 0/20 (OUI, BAH OUI).

16 SEPTEMBRE

Que l'on soit très clairs. Mes enfants sont intelligents mais je ne pense pas qu'ils soient des génies. Surtout à 8 mois.

En effet, une maman que je suis, non contente d'avoir filmé sa grossesse, son accouchement, sa cicatrice d'épisio, son engorgement suite à un allaitement difficile mais « essentiel » selon elle, a pris l'habitude de filmer minute par minute des stories de son enfant, qui est donc totalement (d'après elle) génial. Un peu comme les livres de Martine, on suit ainsi depuis sa naissance cet enfant qui grandit, qui fait son premier caca dans sa couche, son premier rot, sa première compote, sa première purée de carottes bio, sa première robe, son

#lavraievie #marredecouvrir #marredecourir #lamèreparfaiteEstUneGrosseConnasse

premier rire, son entrée à la crèche puis à l'école, ses vacances au ski, au soleil et à la campagne, et même ses caprices. Tout y est.

Et évidemment cet enfant est brillant. À 5 ans oui. #enfantRoi

Et donc ses parents l'ont mis à l'anglais à 12 mois au même moment où il est devenu propre, car même là-dessus il a été filmé. Non content de parler mieux l'anglais que la plupart des présidents de la Ve République, il s'est mis au russe à 3 ans. #miniPoutine

Et puis il connaît ses tables de multiplication (en chinois), peut parler de Proust et a un avis sur la politique européenne.

Et moi ? Bah, mes enfants savent tirer la chasse d'eau après avoir fait caca. Et je le mets dès ce soir sur Insta. #singesavant

18 SEPTEMBRE

Devenus les faire-valoir de leurs parents sur Insta, les enfants sont montrés sous tous leurs angles. Et pourquoi pas après tout, chacun fait ce qu'il veut, me souffle mon petit doigt. Oui mais une fois qu'ils auront grandi, certains ne seront pas super heureux que des millions d'inconnus aient vu leur premier pipi au pot, leurs premiers boutons parce que maman avait signé un sponsoring avec un soin anti-acné, leur tronche au petit déj. Sans parler de l'enfant cul nu au bain.

Alors moi, à partir de demain, je vais inverser le truc. Je vais demander à mes enfants de prendre des photos de moi dans des situations gênantes.

#inversiondesrôles

19 SEPTEMBRE

Mon plan a été un échec. En effet mes deux ados ont refusé de me filmer aux toilettes. *Mais c'est pour une marque de PQ. Ils paient trop bien,* je leur ai dit.

Nan mais maman, t'es pathétique.

Bon.

#loose #ilsOntPrisLePouvoir

23 SEPTEMBRE

Le pire de cette folie à foutre tes gosses partout sur des comptes publics ? C'est le combo sport&enfant ou vacances&enfants ou manger bien&enfants, qui fait que toi derrière ton écran avec ton paquet de chips et tes enfants qui matent pour la 45e fois les Pokémon, tu te dis que c'est injuste.

Prenez cette influenceuse hyper-suivie qui passe sa vie 2.0 à filer des recettes pour manger bio, sans gluten, sans sucre, sans graisse. Soit. Le jour où elle est devenue maman, elle a mêlé son enfant à tout cela et « nous » a concocté des recettes spéciales enfants sans gluten, sans viande, sans poisson, sans œufs. Et le bébé que nous avons vu évoluer sous nos yeux au fil du temps a servi cette « cause ».

Idem pour la prof de sport que j'avais suivie une fois un 31 décembre à minuit, complètement ivre, tu t'en doutes.

Devenue maman, elle n'a plus fait que des vidéos de sport avec ses enfants. La double peine.

#kidsOnInsta

25 SEPTEMBRE

Du coup, ça m'a donné une idée. Utiliser ses enfants pour faire ce qu'on sait le mieux faire.

C'est-à-dire me concernant : dormir, manger du Nutella.

Ainsi, hier, j'ai pris de force l'enfant de 4 ans en lui disant : « Viens, on fait un Nutella challenge. Celui de nous deux qui mange le plus de Nutella a gagné. » On s'est filmés, il a vomi, j'ai souri. Ma victoire allait être partagée sur IG (enfant visage flouté par le filtre vomi).

ÉCHELLE DE GWYNETH : 45/20.

26 SEPTEMBRE

Ceux et celles qui ont vécu les différents confinements avec des enfants le savent : on en a chié. Mais sur Insta certains parents ont trouvé ça « génial, instructif, parfait ».

Ces parents de la team parents parfaits ont trouvé le temps et l'énergie de faire leur télétravail, leurs machines à laver, leur repassage, leurs repas équilibrés, leurs séances de sport en ligne, leur pain, leurs lectures, et DE FAIRE FAIRE LES DEVOIRS À LEURS TROIS GAMINS.

Avec le sourire. En prenant tout en photo comme pour narguer les autres gueux qui ne s'en sortaient pas avec des devoirs de CP, de 6e, de 3e et un enfant de 8 mois. Allumer Insta est vite devenu affreusement culpabilisateur avec certains hashtags : #unechancedetreenfamille #profiterdechaqueinstantaveceux #jedecouvrequemesenfantssontgéniaux #onfaitdupainenfamille #leconfinementdelachance.

Qu'ils soient prévenus, on ne veut pas les entendre au confinement n° 12 quand ils feront leur burn-out parental : #confinemenSaMere #confinezLesGossesEntreEuxEtLachezNous.

28 SEPTEMBRE

Le summum reste les anniversaires des enfants qui ressemblent à la fête de mariage de Chiara Ferragni. Rien ne nous est épargné : #cartonsdanniv #DJ #bouleAfacette #ambiancedingue #annivduchou #cadeauxdeouf #blingblangbloung.

(Pour les 2 ans de l'enfant.)

Alors, on va pas se mentir, ça m'a inspirée. J'ai emprunté 10 000 euros et on a lésiné sur RIEN. Faut ce qu'il faut pour que ce soit instagrammable.

Je déconne. On a fait un gâteau au yaourt, invité cinq copains et mis une super playlist. Et il a été le plus heureux du monde parce que, après tout, c'est ce qui compte non ? Hein ?

30 SEPTEMBRE

Hier j'ai dit à tout mon réseau Insta que l'enfant a été pris à l'ENA.
#ENAMyGod #génie

31 SEPTEMBRE

ENA c'est pour École Nationale de l'Amour.
C'est le plus important, non ?

Bilan septembre

Je suis super fière de mes enfants, fière d'être leur maman même si, souvent, ils m'énervent.
Je mets parfois des photos d'eux sur mon compte privé, destiné à mes amis, ceux de la vraie vie.
J'admire les mamans qui savent tout faire, tout gérer, dont les bébés ont fait leurs nuits à 3 semaines, qui savent couvrir les livres tout en accompagnant l'enfant qui mange bio à son cours de bébé gym. Celles qui sur Insta te montrent qu'elles ont le temps de cuisiner chaque soir tout en ayant un job de fou, celles qui militent sur Insta pour la pédagogie positive et qui disent ne jamais crier. Mais ce sont des menteuses et on ne montre que ce qu'on veut. JE LE SAIS HEIN.
#pedagogiepositive #jenecriejamais
#mesenfantssontmerveilleux

Mais j'aime suivre ces mamans. Pour pouvoir ensuite tenter de les imiter puis échouer et râler après elles. C'est comme ça qu'on est toutes, hein !

ÉCHELLE DE GWYNETH : 9/20, PARCE QUE BON ON FAIT CE QU'ON PEUT, GINETTE.

Octobre

1er OCTOBRE

Parler de réussite est un vaste sujet. Il y a celle qui consiste à être heureux, celle qui consiste à gagner des sous, celle qui consiste à savoir qui on est vraiment, celle qui consiste à être amoureux, celle qui consiste à avoir une jolie famille…

Le sujet de la réussite est super présent sur Insta (sous couvert de mantra) et j'ai le sentiment depuis quelque temps d'être une sombre merde. Oui, lorsque tu vois certaines personnes fières de leurs réussites avec des hashtags du genre **#croireensoi #developpementpersonnel #succes #motivation #entreprendrecestreussir**, tu te dis que parfois c'est pas si facile hein.

C'est cool de se/nous motiver, mais n'est-ce pas rageant quand ce genre de mantras et de conseils sont donnés par des gens comme Gwyneth Paltrow ? Un peu comme à l'école quand la plus belle, qui était aussi la première de la classe, te tapait sur l'épaule et te disait « tu peux y arriver aussi, il faut y croire » (façon dessin animé de Disney).

6 OCTOBRE

Je n'invente rien. J'ai lu sur Insta en une seule et même matinée, ce matin donc : « J'aspire à être une femme qui impacte le monde », « Tu crois que tu as besoin d'être plus courageuse, mais en réalité, tu as besoin de faire preuve de lâcheté », « Deviens une priorité dans ta vie ».

OK, c'est cool tous ces mantras sortis d'une publicité et qui, je le sais, sont là pour donner de la force, blablabla.

Mais je… non, rien.

7 OCTOBRE

Du coup, comme les mantras ont l'air de marcher, que chacun y va de sa phrase ou d'une phrase empruntée à un personnage historique du genre Churchill, de Gaulle ou Napoléon, ou encore Gabrielle Chanel, Picasso ou Baudelaire, j'ai décidé que ma réussite passerait par là. Ou l'idée que je m'en fais du moins. Car la réussite étant un sujet phare sur Insta (mais que veut dire la réussite en fait ?), moi aussi je vais faire des mantras pour « faire bouger le monde ».

8 OCTOBRE

Mantra 1 : « Lève-toi et bouge-toi le cul. »
#motivation #croireensoi

11 OCTOBRE

Mantra 2 : « On n'a qu'une vie, sauf Jésus, alors profite ! »
#leadership #meditation #ambition

15 OCTOBRE

Mantra 3 : « Tomber c'est pas grave, mais ça fait mal. »
#socrate2.0

17 OCTOBRE

Mantra 4 : « Des frites, des frites, des frites. »
#lestuchessontlavenir

19 OCTOBRE

Mantra 5 : « Fais de ton mieux, et puis tant pis pour ta gueule si t'es paresseuse. »
#croireensoi #motivée #allerloin

22 OCTOBRE

Mantra 6 : « Fabrique ton bonheur, et si tu ne peux pas, fabrique un cendrier en pâte à sel. Ce sera déjà ça. »
#nejamaisdouterdesoi

23 OCTOBRE

Mantra 7 : « Mange au moins cinq fruits et légumes dans ta vie, ce sera plus facile qu'en 24 heures. »
#corpssainespritsain

24 OCTOBRE

Mantra 8 : « L'important ce n'est pas la chute mais l'atterrissage. »
#lechemin #lahaine

26 OCTOBRE

Mantra 9 : « Je n'ai qu'une philosophie, être acceptée comme je suis. »
#enfinSaimer #amelBent

27 OCTOBRE

Mantra 10 : « Si le Nutella t'aide à avancer, alors mange du Nutella. »
#motivation #carburant

29 OCTOBRE

La réussite étant géniale mais pas toujours évidente, je propose que tous les hashtags #laviecestlaréussite soient immédiatement bannis.

30 OCTOBRE

Ah, j'oubliais : prendre des mantras pour les filer aux autres comme une patate chaude, c'est gentil, mais parfois difficile de savoir quoi en faire. Un peu comme les conseils beauté de Gisele Bündchen quoi.

#motivation #croireensoi #enfinsaimer #AmelBent

Bilan octobre

Réussir, ce mot qui veut dire tout et n'importe quoi,
est devenu une sorte de diktat :
« T'as réussi dans la vie ? » est une question
quasi philosophique et Insta s'en est emparé
avec pas toujours beaucoup de précautions.

J'aime bien les mantras, les citations,
c'est souvent malin MAIS parfois ça te file le bourdon
(comme Didier).

Si j'affiche des mantras sur mon frigo
avec des aimants bio ?
Évidemment.

ÉCHELLE DE GWYNETH : 3/20.

Novembre

1er NOVEMBRE

Non contente d'avoir une maison parfaite, une vie sexuelle parfaite, de la réussite en veux-tu en voilà, un chien trilingue, des enfants géniaux, une culture immense et un corps de rêve, il me faudrait aussi, selon Insta, être jeune.

Oui, car le jeunisme est bien présent sur Insta. On ne voit que des jeunes, des filles et des garçons sans rides.

L'âge semble être hibernatisé sur IG (yéyé).

Sauf que si on a commencé sur IG il y a 10 ans, bah fatalement, attends, laisse-moi compter... âge X + 10 = 10 ans de plus dans ta tronche.

Mais alors où sont les vieux avec leurs gestes pleins de charme, dites-moi, où sont les vieux, les vieux, les vieux ? Insta supprime-t-il les visages des plus de 50 ans ? (Et encore... plus de 30 ans serait plus vrai.)

Je m'en vais enquêter tel Columbo, je reviens demain.

#vieillebique #jeunejeunejeune #norides

2 NOVEMBRE

Fin de mon enquête.

J'ai découvert les filtres « jeune ».

On connaît les filtres bonne mine, les filtres pour avoir l'air d'être parti à L.A. dans la nuit et qui te bronzent, les filtres « belle gosse », les filtres « longs cils », mais il existe les filtres « jeune ».

Donc il faut cacher son âge, vieillir ce serait moche, au placard les vieilles !

Ayant 42 ans, âge critique hein, je crains pour moi. JE NE VEUX PAS qu'Insta me bloque, non mais oh !!

Je vais prendre les devants, me vieillir toute seule. Adviendra ce qu'il adviendra.

8 NOVEMBRE

Génial, j'ai chargé une appli « face app » pour me vieillir… ou me rajeunir.

J'ai choisi l'option vieille, comme ça au moins je ne prends personne de court. Tout le monde sait à quoi je ressemblerai plus tard.

Pour le moment, mes 67 rides n'ont pas encore été signalées à IG. OUF.

#vieillirenligne

11 NOVEMBRE

Ainsi, j'ai pu célébrer aujourd'hui en bonne et due forme les célébrations de l'armistice de 1918, année à laquelle je poussais mon premier cri. C'est l'avantage d'être vieille.

#gueulecassée

15 NOVEMBRE

Gwyneth a dit que son secret de jeunesse c'était… le venin de serpent. Enfin la crème au venin de serpent… Soi-disant farouchement opposée à la chirurgie esthétique, elle prétend utiliser une crème à 150 euros le tube de 1 ml. Ce produit miracle promet d'effacer les rides et d'améliorer le teint. À l'image du Botox, il « fige » et tend la peau. Elle parle de ce produit miracle sur son compte et moi… n'ayant pas 150 euros à dépenser là-dedans et ne possédant pas de serpent… bah je peux m'asseoir dessus (m'asseoir sur ma ride). Ou comment te faire culpabiliser d'être ridée et pauvre en plus.

#serpentMyAss #bavedeserpent

ÉCHELLE DE GWYNETH : 0/20.

19 NOVEMBRE

Comme la méthode Gwyneth n'a pas été à ma portée, je voulais essayer la méthode Kim K.

Pour rester jeune plus longtemps sans passer par la case chirurgie, elle se fait injecter son propre sang dans le visage, par le biais de petites aiguilles d'acupuncture. L'opération consiste à extraire le sang de son bras, à le purifier, puis à le réinjecter.

Que les choses soient claires : j'aimais encore mieux la méthode bave de serpent.

Kim, non contente de recourir à cette méthode, s'est prise en photo avec du sang sur les joues sur Insta.

Comment veux-tu que je digère mon jus détox de goyave après ça...

#bloodtest #jesaignedoncjerajeunis

20 NOVEMBRE

Et si je prenais le sang d'un serpent ? Je mélangerais ainsi les deux méthodes et je... non, rien.

Je vais plutôt rester telle que je suis et continuer d'utiliser mon filtre de vieille.

#lesvieillessontbelles #lesRidesCestLaVie

22 NOVEMBRE

Pourtant au milieu de ce jeunisme, il existe Jane Fonda.

Jane Fonda dont on se doute bien que la chirurgie est passée pas bien loin mais qui assume ses 85 ans. Sur Insta on glorifie celle qui est encore sublime. Mais du coup c'est dérangeant, car si Jane est vieille et vaguement ridée, il n'en reste pas moins que c'est Jane Fonda quoi. Elle est sublime.

Pour être vieille, il faudrait donc être sublime et mince ?

Moi je refuse de devoir me cacher quand je serai vieille, moche et grosse.

#InstaFlippant #vivelesyeuv

25 NOVEMBRE

L'autre jour j'ai vu sur IG une photo de Demi Moore qui avait apparemment fait beaucoup de chirurgie et n'avait de Demi Moore que le nom (officiel avec le truc bleu là).

Il n'en a pas fallu plus pour que IG s'empare de ces photos et se foute d'elle.

J'ai pensé « pauvre Demi » (oui, on se connaît depuis que j'ai fait le fantôme dans *Ghost*). Donc j'ai pensé « pauvre Demi, obligée de faire une chirurgie affreuse, de se poster et de se prendre des critiques ».

Insta est un tribunal qui montre le pire de l'humain.

T'es vieille ? Tu dégages.

Je persiste : je garde ma photo de moi avec 30 ans de plus.

#abaslejeunisme #bavedeserpent

28 NOVEMBRE

Mais oui bien sûûûr, il doit exister, à l'instar des Insta spécial moins de 13 ans, un Insta plus de 50 ans.

Insta supprime ton compte si tu dépasses l'âge. En gros entre 13 et 50 ans ça passe. Après non.

Au-delà de cette limite, votre ticket n'est plus valable comme disait Gary (oui, oui, je me suis cultivée depuis quelques mois, Insta pression oblige).

#lesvieuxcachés #êtrevieuxsansêtreadultes

29 NOVEMBRE

Mes rides et moi avons cherché toute la nuit cet Insta pour vieux. Sans succès.

Se peut-il que d'eux-mêmes les vieux s'en aillent pour ne pas subir le jeunisme d'Insta ? Cette théorie tristement triste tient la route.

#mesridesetMoiOnvousemmerde

30 NOVEMBRE

Dans quelques années lorsque Kim, Chiara, Léna, Gwyneth auront des rides au coin des yeux, je serai déjà vieille depuis longtemps sur Insta et je leur ouvrirai mes bras mous.

À moins, que... miracle des réseaux sociaux, on ne vieillisse jamais ?

Bilan novembre

« On ne voit vieillir que les autres », disait Malraux.
Et je crois que c'est ce que je retiens
de ce novembre frileux.
Insta présente l'avantage de ne pas se voir vieillir.
Parfois c'est chouette, parfois c'est triste,
car l'algorithme te met de côté, sur le banc des accusés :
« Accusée vieille et ridée, levez-vous et disparaissez ! »
Prenant, comme toujours, le taureau par les cornes,
je me présente déjà ridée et vieille.
Je ne trompe personne et vieillir 2.0
sera ainsi plus simple.
Je ne suis pas dupe, je SAIS bien les filtres,
la chirurgie et les efforts que certains font
pour ne pas devenir vieux.
Ce n'est pas sale ni laid de vieillir.
Même sur Insta.
Si j'ai déjà mis des photos de moi
lorsque j'étais jeune en story ?
MAIS BIEN SÛR.
Je ne suis plus à une contradiction près !

ÉCHELLE DE GWYNETH : 4/20 (BAVE DE SERPENT).

Décembre

1er DÉCEMBRE

Dans une autre vie, j'étais blogueuse mode. Je sais, c'est fou.

Mais dans cette vie-là, la vraie, je mets des chaussettes avec des claquettes. Je sais, c'est fou.

Insta est devenu le temple de la mode, « regarde comme je suis sapée et je te dirai qui tu es ».

Sauf que... En vrai... comme d'habitude hein, on montre ce qu'on veut donner à voir.

#lamodelamodelamode

8 DÉCEMBRE

Je les vois ces instagrammeuses qui prennent chaque fringue en photo, taguent des marques et te font culpabiliser d'être chez toi en jean large et en pull en pilou.

Je ne nie pas l'importance de la mode. C'est important et ça fait partie de nos sociétés.

Mais qu'on m'épargne ce défilé permanent.

#lavraievie #ohmerciuneserpillière

14 DÉCEMBRE

Je ne couche pas avec mes chaussures.

Voilà c'est dit.

À voir certaines publications sur certains comptes, on se demande si les chaussures (ou les fringues en général) n'ont pas pris le pouvoir sur certains humains sur IG.

#jesuisunechaussure #objetdudésir

#feelingGood #SweetHome #àlacool

19 DÉCEMBRE

Et puis parfois les Gwyneth ou autres arrivent en pyjama en mode « j'adore être casual chez moi » avec des hashtags #feelingGood #sweetHome #alacool. Et même qu'elles ne se maquillent pas !

Ah mais non, cocotte, ça c'est pas possible de nous faire croire que tu traînes sans maquillage et en pilou chez toi avec ton haleine de chacal.

On n'y croit pas.

#onsefichedemoi

22 DÉCEMBRE

Si je vais continuer à ne pas faire d'efforts vestimentaires sur Insta comme si j'étais invitée aux Oscars ? OUI.

Sauf justement pour les Oscars. Oui, je me maquille telle une star, je mets ma robe fourreau. On n'est pas à un paradoxe près.

#stardunjour #modemodemode

24 DÉCEMBRE

Tiens, c'est Noël. Il neige.

26 DÉCEMBRE

Depuis hier, les gens sur Insta font des photos des cadeaux qu'ils ont reçus avec des #spoiled #gatéepourrie #vivelePereNoeL.

Mais enfin... le Père Noël n'existe pas @superwoman2467854 !

Montrer ce que l'on a, montrer ce que l'on veut, montrer ces nouvelles bottes à qui on met un filtre « joli ». Même les fringues ont leurs filtres. OMG.

28 DÉCEMBRE

Moi j'ai eu un livre, une paire de claquettes, un balai. Instagrammable tu crois ?

29 DÉCEMBRE

J'aime lire le *Elle*, je n'aime pas être trop habillée pour aller chercher mon pain. J'aime être jolie, mais j'aime mettre des Uggs pourries pour aller à l'école le matin.

Désormais je vais montrer ma vraie vie de modeuse *bad* gamme.

Ché.

31 DÉCEMBRE

C'est tout de même en robe à paillettes que je vais fêter le Nouvel An.

Avec du maquillage aussi.

Et un brushing.

#labonneannée #lasantesurtout

Bilan décembre

J'aime regarder les comptes de *Vogue*,
de modeuse, de filles stylées
même si je refuse l'injonction qui dit
« si tu n'es pas super sapée,
tu ne vaux rien sur Insta ».

Je continuerai de porter mes fringues,
d'avoir mon style qui n'en est pas un.
Je continuerai aussi de rêver devant certains comptes,
car oui... encore une fois,
je ne suis pas à une contradiction près !

L'heure du bilan

Passer une année à regarder ce qu'Insta et surtout les gens qui sont dessus proposent m'a appris une chose : la vraie vie n'est pas là.

J'ai beaucoup râlé, j'ai beaucoup regardé ce qui se fait, la façon dont les gens parlent en #.

Sur Insta tout est beau et chacun montre ce qu'il a envie et ça ne me pose pas de problème.

Ce qui me pose problème, c'est que derrière leurs écrans des gens vulnérables (comme mon chien) peuvent penser que tout est vrai.

Nul ne réunit tout en une seule et même personne certes, mais la pression que te met parfois un compte comme celui d'une Chiara Ferragni est hardcore.

Je sais que derrière les # se cachent des vrais gens qui ont aussi leurs factures à payer, leurs parents malades, leurs histoires de couple ou d'amitié. Mais pour celle ou celui qui serait naïf, Insta peut devenir vite dangereux.

J'ai essayé, j'ai ri, j'ai renoncé, j'ai tenté le non-style, la vieillesse, les enfants non parfaits, la déco moyenne, le sans bio, le gluten.

Ma vie n'est pas parfaite mais elle n'est pas filtrée avec des filtres « belle gosse » ou « fesses rebondies ».

Oui je mange du Nutella, je bois de l'alcool pas bio, je m'habille comme il me plaît, je mange de la viande, mes enfants rotent parfois, mon chien aboie trop, mes rides apparaissent au coin de mes yeux, mes seins sont petits, mes fesses trop grosses, mais ma vraie vie, elle me plaît !

ÉCHELLE DE GWYNETH : 20/20.
(OUI PARCE QUE COMME ELLE, FINALEMENT, JE ME KIFFE BIEN.)

#vivelavie #viveinsta #vivemoi #viveLignac
#viveChiarra #vivelegluten #vivelenutella #vivelegras
#vivelepain #vivelaviande #vivelaglande #vivemonchien
#vivemes4merveilleuxettropintelligentsettropbeauxenfants
#vivelamour #vivemonmari #vivelesexe #vivelesamies
#viveIkea #viveleMonop #vivePicard #vivelesglaces
#vivelevin #vivelesmojitos #viveleslivres #vivelesécrans

ET MERCI GWYNETH, MA BEST VIRTUAL FRIEND.

FSC
www.fsc.org
MIXTE
Papier issu
de sources
responsables
FSC® C007507

Cet ouvrage est composé de matériaux issus de forêts bien gérées certifiées FSC®, de matériaux recyclés et de matériaux issus d'autres sources contrôlées.

Le Forest Stewardship Council® est une organisation internationale non gouvernementale qui encourage une gestion écologiquement adaptée, socialement bénéfique et économiquement viable des forêts de la planète. Pour en savoir plus, consultez le site *www.fsc.org*

Achevé d'imprimer en septembre 2021 par Graphycems
Dépôt légal : octobre 2021
Imprimé en Espagne